Jan Büchsenschuß
Auf der Suche nach der idealen Schildkröte

Jan Büchsenschuß

Auf der Suche nach der idealen Schildkröte

Vitruvs Basilikabeschreibung in deutschen Übersetzungen – ein semiotisches Abenteuer

Centaurus Verlag & Media UG

Über den Autor:
Jan Büchsenschuß hat Architektur an der TU-Berlin studiert und dort zum Thema „Goethe und die Architekturtheorie" promoviert. Tätigkeit als Autor wissenschaftlicher und belletristischer Werke, angestellt bei der Stadtverwaltung Helmstedt im Fachbereich Planen und Bauen.

Bibliografische Informationen der Deutschen Nationalbibliothek
Die Deutsche Nationalbibliothek verzeichnet diese Publikation in der Deutschen Nationalbibliografie; detaillierte bibliografische Daten sind im Internet über http://dnb.d-nb.de abrufbar.

Gedruckt auf säurefreiem und chlorfrei gebleichtem Papier.

ISBN 978-3-86226-264-9   ISBN 978-3-86226-892-4 (eBook)
DOI 10.1007/978-3-86226-892-4

Alle Rechte, insbesondere das Recht der Vervielfältigung und Verbreitung sowie der Übersetzung, vorbehalten. Kein Teil des Werkes darf in irgendeiner Form (durch Fotokopie, Mikrofilm oder ein anderes Verfahren) ohne schriftliche Genehmigung des Verlages reproduziert oder unter Verwendung elektronischer Systeme verarbeitet, vervielfältigt oder verbreitet werden.

© *CENTAURUS Verlag & Media UG (haftungsbeschränkt), Herbolzheim 2014*
www.centaurus-verlag.de

Umschlagabbildung: Jan Büchsenschuß
Umschlaggestaltung: Jasmin Morgenthaler, Visuelle Kommunikation
Satz: Vorlage des Autors

Inhaltsverzeichnis

Inhaltsverzeichnis	5
1. „Im Anfang war das Wort..."	7
1.1 Vom Ursprung der Architektur	8
1.2 Von der Ekphrase	14
1.3 Von den architektonischen Zeichen	18
1.4 Vom sprachlichen Übersetzen	24
1.5 Von der Re-Konstruktion	26
1.6 Wovon die Rede ist	28
2. „Was sich überhaupt sagen läßt, läßt sich klar sagen..."	31
2.1 Aufbau der Ekphrase	35
2.2 Auswahl der Übersetzungen	37
3. „Wie ich die Basilika für die Kolonie Fano entworfen..."	39
3.1 Abschnitt 6	40
3.2 Abschnitt 7	47
3.3 Abschnitt 8	51
3.4 Abschnitt 9	58
3.5 Abschnitt 10	62
4. „„...wie die Regeln einer ausgestorbenen Sprache"	67
4.1 Wer von wem? Was fehlt?	67
4.2 Das Zeichen im Wechsel zwischen Sprache und Architektur	73
4.3 Denotationen und Konnotationen	75
4.4 Schlechter Schreiber oder Blender?	79
5. „Der Mensch besitzt die Fähigkeit Sprache zu bauen."	82
5.1 Die Frage nach dem Zweck des Ganzen	82
A.1 Primärquellen	87
A.1.1 Rivius-Übersetzung (1548)	87
A.1.2 Rode-Übersetzung (1796)	88
A.1.3 Reber-Übersetzung (1865)	89

A.1.4 Prestel-Übersetzung (1912-14)   91
A.1.5 Fensterbusch-Übersetzung (1964)   93

A.2 Rekonstruktionszeichnungen der Übersetzer   95
    A.2.1 Rivius   95
    A.2.2 Reber   96
    A.2.3 Prestel   97

A.3 Literaturverzeichnis   100

1. „Im Anfang war das Wort..."

„...und das Wort war bei Gott, / und das Wort war Gott. [...] Alles ist durch das Wort geworden, / und ohne das Wort wurde nichts, was geworden ist."[1]

In der Bibel, dem Kompendium eurasischer Überlieferungen, wird die schöpferische Kraft des Wortes mystisch inszeniert. Im 1. Buch Mose wird die Schöpfung alles Existierenden durch das Wort als ein zweiaktiger Prozess beschrieben.

„Gott sprach: Es werde Licht. Und es wurde Licht. Gott sah, daß das Licht gut war."[2]

Im ersten Akt werden die Dinge zunächst benannt. Damit wird ihnen die Möglichkeit zur Existenz gegeben. Mit dem Akt des Bezeichnens ist gleichzeitig das Potential verbunden, von der Möglichkeit in die Wirklichkeit überzugehen. Im zweiten Akt wird dieses Potential ausgeschöpft und aus der reinen Namensgebung wird reale Existenz.

Bereits vor etwa 3000 Jahren ist die Erkenntnis der Welt offensichtlich mit der sprachlichen Bezeichenbarkeit aller dieser Welt immanenten Dinge und dieser Welt selbst eng miteinander verknüpft; ein semiotisches Erkenntnismodell mit einer langen Tradition. In Abstraktion bedeutet das: nur was sich sagen lässt, besitzt potentielle Existenz. Im Umkehrschluss heißt dies, dass das Unsagbare und Unbeschreibliche nicht oder nur in der Negation existiert.

Dieses sprachimmanente Existenzpotential birgt, bei aller philosophischen Attraktivität, logische Fallen. An dieser Stelle sei an den Gottesbeweis Anselm von Canterburys erinnert, der die Existenz Gottes damit begründete, dass er ihn als höchstes Wesen denken könne.[3] Anselm verwechselt Existenzpotential mit realer Existenz. Etwas denken und benennen zu können, rückt dieses Etwas lediglich in den Bereich des Möglichen einer realen Existenz. Es

---

[1] Johannes 1,1 ff.
[2] Genesis 1,3-1,4.
[3] Vgl. Anselm von Canterbury: *Proslogion: lateinisch/deutsch*. Übersetzung, Anmerkungen und Nachwort von Robert Theis. Reclam, Stuttgart 2005.

ist die Bedingung der Voraussetzung. Der erste Akt ist jedoch kein zwingender Grund für den Vollzug des zweiten Aktes.

Der Gebrauch der Schöpfung durch das Wort als ein mögliches Erkenntnismodell ist kein rein historisches Phänomen. Auch heute wird dieser zweiaktige Schöpfungsprozess angewendet; etwa in der Bezeichnung der dunklen Energie, deren Vorhandensein angenommen wird, damit das physikalische Weltbild konsistent bleibt, deren reale Existenz sich bis heute aber eben nur im Potential, im ersten Schöpfungsakt – der Namensgebung – vollzieht.[4]

Auch der logische Trugschluss von Anselm geistert noch durch unsere Kultur; er steckt hinter jeder Verschwörungstheorie von der Ermordung Kennedys bis zu den Anschlägen des 11. September. Etwas wird, oft entgegen jeglicher rationalen Logik, als wahr angenommen, nur weil es sich scheinbar widerspruchsfrei sagen lässt.

Die zweiaktige Schöpfung des Benennens und Existierens wird demnach nicht nur zur Erklärung der großen, sinnlich nicht fassbaren Dinge benutzt, sondern sie beweist als Erkenntnismodell bis heute eine praktikable Alltagstauglichkeit, Neues und Unbekanntes in den bereits bekannten Kosmos der Ideen und Dinge einzuordnen. Sie ist ein grundlegendes Merkmal der menschlichen Existenz. Johann Gottfried von Herder bemerkt in seinen *Ideen zur Geschichte der Menschheit* in diesem Sinne, dass erst die Sprache den Menschen menschlich mache.[5]

Bevor wir im Hauptteil der Arbeit Vitruvs Beschreibung seiner Basilika in verschiedenen deutschen Übersetzungen untersuchen können, wird im folgenden Einleitungsteil das weite thematische Feld, welches dieser an einem Beispiel durchgeführten Untersuchung die theoretische Basis bietet und die Argumentation in den resümierenden Kapiteln im Anschluss leitet, inhaltlich umrissen und aus verschiedenen Perspektiven skizzenhaft erläutert.

1.1 Vom Ursprung der Architektur

Der eingangs beschriebene Schöpfungsprozess ist offensichtlich ein höchst kreativer Schaffensprozess, eine Gestaltung des Ungestalteten. Schöpfungen durch das Wort bestimmen auch das Wesen der Kunst. Denn gerade in

---

[4] Vgl. http://de.wikipedia.org/wiki/Dunkle_Energie
[5] Vgl. Herder, Johann Gottfried von: *Ideen zur Geschichte der Menschheit*, in 3 Bänden, F.A. Brockhaus, Leipzig 1869, 2. Band, S. 109.

künstlerisch kreativen Prozessen stehen die Idee, die Bezeichnung und die reale Schöpfung eng und für uns intellektuell fassbar mit der Person des Künstlers, des Schöpfers in Beziehung.

Ein Kunstwerk ist ein Mikrokosmos, ein in der Regel abgeschlossenes, geordnet-logisches System mit einer erkennbaren Grenze. Auch wenn diese Grenze in der Kunst gelegentlich an Kontur verliert, ist deren Vorhandensein eine grundlegende Voraussetzung für das Bewusstsein, Kunst als Kunst wahrnehmen zu können. Dieser Grenzbereich zeichnet sich auch in der Architektur, nämlich dann wenn Bauen zur Kunst wird, ab.

Architektur ist Kraft ihrer tektonisch notwendigen Stringenz ein künstlerisches Abbild der Logik. Sprache – verbal, digital, mathematisch – ist das Medium der Logik. Die Architektur ist das Stein gewordene Gleichnis dieser Sprachlogik. Der Satzbau bezeichnet die tektonischen Eigenschaften der Sprache wie der Bausatz die semiotische Funktion architektonischer Elemente unterstreicht. Über Architektur zu sprechen bedeutet daher nicht nur über ein Bauwerk zu reden, es zu beschreiben und zu beurteilen, es ist zugleich auch ein Wiedererkennen von Bezeichnendem und Bezeichnetem durch den Spiegel künstlerischen Ausdrucks.

Diese engen Beziehungen zwischen Sprache und Architektur deuten auf einen gemeinsamen Ursprung hin, stellen jedoch zugleich ein Verhängnis für die Zukunft dar. Denn eine Gesellschaft, welche die Sprachkultur geringschätzt, wird nicht in der Lage sein, anspruchsvolle Architektur im ursprünglichen Sinne des Wortes hervorzubringen. Es mangelt ihr schlichtweg an logischem Verständnis. Es ist verblüffend, wie zu allen Epochen Sprachstil und Baustil miteinander harmonieren; etwa in der Manieriertheit des Barock oder in der nüchternen Abstraktion der Moderne. Als sei das Eine der Spiegel des jeweils Anderen.

Die Geschichte dieser Verkettung findet bereits einen frühen Widerhall im Alten Testament. Im Buch Genesis, Kapitel 11,1-9, steht die bekannte Passage vom Turmbau zu Babel. Genau genommen geht es jenseits der theologischen Interpretation jedoch nicht um den Turm als ein durch menschliche Hybris begonnenes, gigantisches und unvollendetes Einzelbauwerk,[6] sondern vielmehr um die Fähigkeit zur Gottgleichheit des Menschen, wenn er sich sprachlich mit anderen Menschen verständigen kann und dadurch in die

---

[6] Vgl. im Gegensatz dazu: Thomsen, Christian W.: „Was ist in der Architektur Sprechen, Sprache, Dialekt?", in: *Architektur als Darstellung, als Zeichen, als Sprache*, Düsseldorf 1989, S. 12.

Lage versetzt wird, Bauwerke, die über das Maß eines einzelnen Menschen weit hinaus ragen, zu errichten. Der Turm ist nur ein erstes Ergebnis dieser Gemeinschaftsfähigkeit. Im Buch Genesis heißt es weiter, dass dem Menschen diese Gottähnlichkeit nicht zustünde und die Menschen daher durch Sprachverwirrung bestraft wurden, woraufhin sie sofort das gemeinsame Bauen einstellten und die Menschen sich über die bekannte Welt zerstreuten.[7] Abgesehen von der nicht sehr schmeichelhaften Eigenschaft des Neides Gottes auf die Menschen erzählt uns die biblische Episode vom Turmbau zu Babel von einer Menschheitsepoche, in welcher die Welt durch gemeinsame sprachliche Verständigung erkannt und durch Architektur bis an die Grenzen des Möglichen erweitert wurde. Interessant ist weiterhin, dass Gott nicht den Turm zerstörte, um die Menschen an ihrer architektonischen Fähigkeit zweifeln zu lassen, sondern ein Weiterbauen unmöglich machte, weil die gemeinsame Sprache zerstört wurde. Es folgt alles dem Schöpfungsprinzip des erst Sprechens und dann Werdens.

Die Texte der Bücher Mose sind mindestens zweieinhalbtausend Jahre alt; das historische Original des Babelturmes, die Zikkurat von Babylon, wurde etwa zur Zeit der Niederschrift gebaut bzw. wieder erbaut. Nebukadnezar II., der Regent Babylons zu dieser Zeit, eroberte unter anderem auch Jerusalem, und so ist es nicht allzu verwunderlich, dass im Alten Testament Babylon zum Symbol alles Bösen und Anmaßenden wird. Doch trotz allen unverhohlenen Rachegelüsten gegenüber den Babyloniern wird in den wenigen Zeilen die Vision einer menschlichen Gesellschaft offenbar, die gemeinsam und kommunikativ Unvorstellbares leistet, in dem sie die bis dahin bekannten Vorstellungen von Tektonik scheinbar mühelos pulverisiert. Das fiktive, biblische Babylon zur Zeit des Turmbaus ist gewissermaßen das Paradies der Architektur. Es bestand so lange, wie die Menschen sich einer gemeinsamen Sprache bedienten. Das heißt, so lang es für ein Bezeichnetes genau ein allgemein verständliches Bezeichnendes gab.

Im Babylonischen Reich zur Zeit Nebukadnezars II. wurde Akkadisch gesprochen. Das Wort *šeleppāyu* bedeutet Architekt. Den gleichen Wortklang besitzt das akkadische Wort *šeleppû* – welches Schildkröte bedeutet.[8] Eine Assoziation zwischen dem schützenden und gewölbten Panzer einer Schildkröte und dem Architekten, als Baumeister eines den Menschen schützenden

---

[7] Vgl. Genesis 11,5-11,9.
[8] Vgl. http://www.premiumwanadoo.com/cuneiform.languages/dictionary/index_en.-phpgl.

Gebäudes, liegt auf der Hand. Aber die Symbiose aus Sprachverwandtschaft und Assoziation geht, wenn man sich darauf einlassen will, noch tiefer. Die Schildkröte ist das Symboltier des sumerischen Gottes der Weisheit sowie der Handwerker und Künstler *Enki* bzw. auf akkadisch *Ea*. *Enki/Ea* gilt als der Schöpfer der Menschen, die er aus Lehm „baut" und ihnen mit göttlichem Blut Leben einhaucht, damit sie den Göttern Aufmerksamkeit und Nahrung darbieten können. Um dazu in der Lage zu sein, bringt *Enki/Ea* den Menschen die Sprache und verschiedene Handwerke bei.[9] Der alte sumerisch-akkadische Gott gibt seinen Menschen also die Fähigkeit zu Sprache, Schrift und Architektur. Möglicherweise ein Hinweis darauf, warum sich in der Bezeichnung des Architekten das Symbol dieses Gottes versteckt. Der Architekt ist gewissermaßen ein Auserwählter, um den Menschen Schutz vor den Unbilden der Natur und vor kriegerischer Gesinnung anderer Völker zu garantieren.

Etwa zweihundert Jahre nach der biblischen Babelgeschichte gebrauchte der griechische Philosoph Platon das Wort δημιουργός (demiourgos), um eine Gestalt, ein Wesen ähnlich dem sumerischen Gott Enki zu beschreiben, welches durch Teilung der Weltseele und der Materie, den Kosmos erschafft. Das Wort δημιουργός setzt sich aus den Wörtern δῆμιος (demios – öffentlich) und ἔργον (ergon – Werk) zusammen. In dieser Wortzusammensetzung bedeutete Demiurg auch schon damals Baumeister, Schöpfer, Künstler. Allerdings geht der Demiurg anders als der biblische Gott nicht verbal sondern mathematisch mittels Proportionen vor. Er gestaltet die Welt durch Verhältnisbildungen.[10] Im Griechischen wurde der Begriff λόγος (logos) allerdings sowohl für das Wort als auch für die Proportion gebraucht.[11]

Ebenfalls aus dem Griechischen leitet sich das lateinische, mit unserem heutigen Sprachgebrauch verwandte Wort *architectus* her. Es ist wiederum eine Zusammensetzung aus ἀρχή (arche – Ursprung, Grundlage) und τέχνη (techne – Kunst, Handwerk) und stellt die Architektur als eine grundlegende Fertigkeit der menschlichen Gesellschaft dar. In seiner Exponiertheit ähnelt diese Wortbedeutung des Architekten der sumerischen Bezeichnung *šele-*

---

[9] Vgl. http://de.wikipedia.org/wiki/Enki.
[10] Vgl. Platon: „Timaios", in: *Sämtliche Werke*, Band 4, Rowohlt Taschenbuch Verlag, Hamburg 1994, S. 15-103.
[11] Vgl. Bammer, Anton: *Architektur und Gesellschaft in der Antike*, Böhlau, Wien 1985, S. 98.

ppāyu. Im Gegensatz dazu ist das im Lateinischen parallel gebrauchte *aedificator* ein eher profanes Wort für den "Häuslebauer" oder auch Bauherrn. Es setzt sich aus den Wörtern *aedes* (Haus) und *facere* (tun, machen) zusammen. Der um die Zeitenwende lebende, römische Autor Vitruv gebraucht in seinem Architekturtraktat *de architectura libri decem* sowohl Wörter mit dem Wortstamm *aedific* als auch *architect*. Mit dem wechselnden Gebrauch unterschiedlicher Wörter für einen Themenkomplex verfolgt Vitruv offensichtlich gezielte Intentionen. Das vornehmere, da dem Griechischen entlehnte *architectura* verwendet er dann, wenn er auf die Vorrangigkeit der Architektur als Kunst und Wissenschaft insistiert. Dieses Vorgehen wird besonders in der so genannten Ursprungslegende deutlich,[12] bei welcher sich Vitruv die eigentliche Bedeutung des Wortes Architektur als einer ersten, ursprünglichen Kunst bzw. Fertigkeit zunutze macht.

Dafür skizziert er eine Art kulturellen Schöpfungsmythos, in welchem die Architektur eine ganz besondere Rolle spielt. In einer zuweilen lächerlich unlogischen und an den Haaren herbeigezogenen Argumentation schildert Vitruv die ersten Menschen als wilde Kreaturen, die weder Feuer noch Sprache kennen und, in Ermangelung einer geeigneten Unterkunft, nomadisch durch die Gegend streifen. Durch einen absurden Zufall der Natur werden diese Urmenschen mit dem Feuer konfrontiert und entdecken bald dessen wärmende Eigenschaft. Mit der Beherrschung des Feuers werden die Menschen plötzlich sesshaft und beginnen, durch wiederholtes lautes Atmen, zu sprechen und den Dingen einen Namen zu geben. Da der Mensch in der Lage ist, seitdem er aufrecht geht, alles mit seinen Händen bearbeiten zu können – eine Fähigkeit, die er schon vor dem Feuer gehabt haben musste, deren Gebrauch ihm aber offensichtlich unklar war – beginnt er nun, am Feuer und in der Gemeinschaft mit sprechenden Gleichgesinnten, einfache Hütten zu bauen. Dieses primitive Bauen bezeichnet Vitruv als *facere tecta*. Mit dem Bau dieser Urhütten beginnt nun eine Kulturevolution. Menschen zeigen einander ihre Bautechniken, wetteifern miteinander, besser und komfortabler zu bauen und erfinden so in rasantem Tempo immer neue Techniken und Bauformen. Durch Vergleich, Erfindung und Nachahmung werden

---

[12] Vgl. Vitruvii: *de architetura libri decem*, Edidit et annotavit Dr. Curt Fensterbusch, Wissenschaftliche Buchgesellschaft, Darmstadt 1964, S. 79-87.

die Menschen in ästhetischen Urteilen immer sicherer und aus den ursprünglich primitiven Schutzbauten werden Wohngebäude mit allem Komfort und Luxus. Nun gebraucht Vitruv das Wort *architecturae*.[13]

Die Intention des Autors ist klar. Mit dem zuweilen absurd erzählten Mythos will Vitruv auf den herausragenden Status der Architektur in der Entwicklung der menschlichen Gesellschaft verweisen. Es geht ihm um das Ursprüngliche dieser Kunst, welches sich in ihrem Namen bis auf den heutigen Tag erhalten hat. Alle Errungenschaften der Zivilisation sind nur möglich, weil die Menschen zuvor lernten, gut und dauerhaft zu bauen. Diese Fähigkeit beruht auf der Tatsache, dass die Menschen wiederum zuvor das Sprechen – das Sagen und Bezeichnen – lernten. Es ist eine säkulare Variation des Turmbaus zu Babel.

Curt Fensterbusch hat in den Anmerkungen seiner Vitruvübersetzung bereits darauf hingewiesen, dass diese Ursprungslegende sich auf die Ideen aus dem nur wenige Jahre vor Vitruvs Aufzeichnung verfassten Werk *De rerum Natura* von Lukrez bezieht.[14] Doch Lukrez, in seinen Argumentationen wesentlich luzider als Vitruv, gewichtet die Themen Feuer, Sprache und Architektur etwas anders.[15]

Gemäß Lukrez lebten die Menschen auch vor dem Feuer bereits in Gruppen und Sippen zusammen. Der Alltag dieser vielgliedrigen Gesellschaft machte irgendwann eine Sprache notwendig, die sich dann aus Zeigen und Gebärden entwickelte. Lukrez spricht sich vehement gegen einen Erfinder oder Demiurg aus, der die Sprache erfunden haben soll und mit einem Schlag allen Dingen einen Namen gibt. Die Sprache hätten viele Menschen allein aus der Notwendigkeit heraus, Dinge bezeichnen zu müssen, erfunden.

Nach der Sprache entdeckt der Mensch die brauchbaren Eigenschaften des Feuers – nämlich Wärme und Speise-Zubereitung. Die Entdeckung des Feuers ist auch für Lukrez der Beginn einer Kulturevolution. Denn neben kleineren Erfindungen beginnen nun Männer von ganz besonderer Geistesgröße, Städte und Burgen zu bauen und sich als Könige einzusetzen.

Bei genauerer Betrachtung wird offenbar, dass Lukrez der Architektur durch den Herrschaftsanspruch des Architekten sogar noch einen höheren Wert innerhalb der menschlichen Gesellschaft einräumt als Vitruv. Es gibt hingegen keine direkte Symbiose mit der Sprache.

---

[13] Ebenda, S. 84.
[14] Ebenda, S. 538.
[15] Vgl. Lukrez: *Über die Natur der Dinge, Aufbau-Verlag,* Berlin 1957, S. 199-201.

Etwa einhundert Jahre nach Vitruv schreibt Cajus Plinius Secundus (genannt der Ältere) in seiner *Naturalis historia* über die Erfindung der Baukunst.[16] Plinius` Beschreibung ist kurz, sachlich und ohne sagenhafte Mythen. Es ist eine schlichte und trockene Aufzählung von Erfindern und ihren Erfindungen. Er schreibt, dass Euryalus und Hyperbius die Ziegelsteine und den Hausbau erfunden hätten, während Toxius den Lehmbau und Cinyra den Dachziegel und die Erzbearbeitung entdeckt hätten. So geht es weiter mit der ersten Stadtgründung, dem ersten Steinbruch und den ersten Türmen – übrigens von den Cyclopen oder den Tirynthiern erfunden. In merkwürdiger Analogie zur jeweils herrschenden römischen Regierungsform scheint für Plinius die Entwicklung im genauen Gegensatz zu der Weltsicht Lukrez` zu stehen. Statt gemeinsamer Evolution scheint es immer genau einen Erfinder bzw. ein Volk zu geben. Es ist ein reines Aufzählen von angelesenen Fakten.

Interessanterweise beschreibt Plinius vor der Erfindung der Baukunst bzw. der Elemente der Architektur die Erfindung des Alphabets. Direkt werden Buchstaben und Gebäude von Plinius nicht miteinander in Verbindung gebracht. Aber bei den Argumenten für die fast unendlich lange Existenz der Buchstaben innerhalb der menschlichen Gesellschaft führt Plinius an, dass gewisse Texte schon vor über siebentausend Jahren in Backsteine geritzt wurden. Indirekt ein Hinweis darauf, dass auch die Architektur gewissermaßen als erstes Pergament der Sprache bereits existiert haben muss.

1.2 Von der Ekphrase

Ob aus etymologischer Sicht oder in Form von mythologischen Genesen, eine enge Verwandtschaft oder zumindest Nachbarschaft zwischen Architektur und Sprache lässt sich in vielen antiken Texten entdecken. Dem scheint das für die Erkenntnis der Welt fundamentale Schöpfungsprinzip des Benennens und Herstellens, des Sagens und Bauens zugrunde zu liegen. Es ist offensichtlich eine Basis für die gesellschaftliche Existenz; eben das, was den Menschen menschlich macht und ihn kulturell weiterentwickeln lässt. Eine Symbiose zweier fundamentaler Fähigkeiten des Menschen, wel-

---

[16] Vgl. Cajus Plinius Secundus: *Naturalis historia – Naturgeschichte*, Druck und Verlag Gressner und Schramm, Leipzig 1881, 7. Buch, S. 70 f.

che sich auch heute, jenseits von Mythos und Anekdote, als akzeptables Erkenntnismodell gebrauchen lässt, vorausgesetzt man gesteht sowohl der Sprache als auch der Architektur eine miteinander kompatible Zeichenhaftigkeit zu.

Die während der Antike entdeckte und beschriebene Kulturevolution nährt sich aus dem fortlaufenden und verbindenden Gebrauch von Architektur und Sprache. Ein wesentliches Element dieser Symbiose ist die Baubeschreibung, die so genannte Ekphrase als eine Form der Hypotypose, mittels welcher versucht wird, ein Gebäude möglichst vollständig in Worte zu übersetzen und somit das beschriebene Gebäude in den Gedanken eines anderen ebenso vollständig zu rekonstruieren. Ein Bauwerk wird verbal zerlegt und als Gedankenbau wieder errichtet. Eine Methode, die in der Antike zur grundlegenden Darstellung eines Bauentwurfs benutzt wurde. Zur Zeit des Aristoteles bestand die Entwurfsdarstellung sogar in erster Linie aus einer sehr detaillierten Baubeschreibung, die gelegentlich durch eine Zeichnung oder ein Wachsmodell ergänzt wurde.[17] Auch Vitruv setzt bei den notwendigen Fertigkeiten, die ein Architekt zur Ausübung seiner Kunst beherrschen muss, die Schreibgewandtheit (*litteras*) an die erste Stelle, noch vor dem perspektivischen Zeichnen und der Geometrie.[18]

Das im Vergleich zur Baubeschreibung heute wenig gebräuchliche Wort Ekphrase – die intersemiotische Übersetzung eines bildlichen Textes in einen geschriebenen[19] – hat eine lange Tradition.[20] Bereits in der Antike wurde die Ekphrase als rhetorische Übung praktiziert; zur Zeit Goethes findet sie sich vielfach eingebettet in den damals beliebten Reisebeschreibungen wieder. Im 19. Jahrhundert war es beliebt, Gedichte über Bilder zu schreiben. Heute hingegen ist sie durch die schnelllebige Digitalisierung der Welt nicht mehr üblich. Selbst in der Belletristik verschwindet die detaillierte Beschreibung zugunsten einer handlungsorientierten Schreibweise allmählich aus der Literatur.

Auch wenn heute der Nutzen einer literarischen Baubeschreibung nicht mehr offensichtlich ist, von vielen Bau- und Kunstwerken der Antike haben

---

[17] Vgl. Lauter, Hans: *Die Architektur des Hellenismus*, Wissenschaftliche Buchgesellschaft, Darmstadt 1986, S. 18.
[18] A. a. O., S. 24/25.
[19] Vgl. Eco, Umberto: *Quasi dasselbe nur mit anderen Worten – Über das Übersetzen*, dtv, München 2010, S. 247.
[20] Vgl. Wellek, René und Warren, Austin: *Theorie der Literatur*, Verlag Ullstein GmbH, Berlin 1963, Kapitel: „Die Literatur und die anderen Künste", S. 108-118.

wir nur Kenntnis durch die überlieferten Ekphrasen. Ohne Homers Epen hätte Schliemann nie nach Troja gesucht. Auch die anfangs erwähnte Zikkurat von Babylon wäre ohne den Bibeltext und die Beschreibung Herodots in Vergessenheit geraten. Gerade die beiden Passagen über die babylonische Zikkurat Etemenanki zeigen aber auch, dass eine Ekphrase in Abhängigkeit von der Intention des Autors unterschiedliche Qualitäten haben kann. Die wenigen Worte im ersten Buch Mose:

> *„Dann sagten sie: Auf, bauen wir uns eine Stadt und einen Turm mit einer Spitze bis zum Himmel..."*[21]

sagen wenig über den Bau selbst. Es wird nur das Bauwerk als etwas Unerhörtes, Monumentales charakterisiert. Das lässt viel Spielraum für Rekonstruktionsversuche; und die zeichnerischen Lösungen früherer Jahrhunderte zeigen entsprechend phantasievolle Türme, obwohl Herodots *Historien* seit dem 15. Jahrhundert in lateinischen Übersetzungen in Europa kursierten und die grundlegende Form des Turmes eigentlich eindeutig sein müsste. Denn Herodot beschreibt die Zikkurat folgendermaßen:

> *„Der Tempelbezirk ist viereckig, jede Seite zwei Stadien lang. Mitten in diesem heiligen Bezirk ist ein fester Turm errichtet, ein Stadion lang und breit, und auf diesem Turm steht wiederum ein Turm und dann noch einer, im ganzen acht Türme übereinander. Alle diese Türme kann man ersteigen auf einer außen herumführenden Treppe. Auf mittlerer Höhe sind Ruhebänke angebracht, auf die sich der Hinaufsteigende setzen kann, um sich zu erholen. In dem höchsten Turm steht erst das eigentliche große Tempelhaus, und in dem Tempelhaus steht ein großes Ruhebett, mit schönen Decken belegt, und daneben ein goldener Tisch. Kein Götterbild findet man dort aufgestellt, auch nächtigt kein Mensch in dem Tempel, bloß eine einzige aus Babylon stammende Frau, die sich der Gott unter allen Frauen des Landes erwählt, wie wenigstens die Chaldaier, die Priester dieses Gottes, behaupten."*[22]

Diese Passage im Werk Herodots und eine ausgegrabene Tontafel aus Uruk gaben dann auch für Robert Koldewey den Ausschlag, im Rahmen seiner

---

[21] Genesis 11,4.
[22] Herodot: *Historien*, Kröner Verlag, Stuttgart 1979, Abs. 181.

Ausgrabungen ab 1913 die originalen Dimensionen abschätzen und die Verortung innerhalb des wiederentdeckten Babylons vornehmen zu können. Ohne die kontinuierliche Überlieferung durch die Bibel und der ausreichend präzisen Beschreibung Herodots würde der Turm heute als Baumonument der Geschichte nicht existieren. Erst durch das Bezeichnen und Beschreiben wurde das Wissen um diese Zikkurat konserviert und tradiert. Die verbale Dekonstruktion des Bauwerks durch den antiken Geschichtsschreiber ermöglicht uns die gedankliche Rekonstruktion des einstmaligen Lehmziegelbaus.

Damit sind wir beim Kernthema der Untersuchung: Vitruvs Ekphrase seiner Basilika in Fano. Es ist der einzige überlieferte Nachweis für dieses Gebäude; es wird weder in anderen zeitgenössischen Quellen bestätigt, noch haben sich bauliche Überreste erhalten. Seine tatsächliche Existenz hängt allein von der Glaubwürdigkeit seines Erbauers und Beschreibers ab. Doch eine Reise durch die diversen Übersetzungen verschiedener Jahrhunderte legt den Verdacht nah, dass sich Vitruv offensichtlich nicht eindeutig genug ausgedrückt hat, denn die Übersetzungen lassen zum Teil ganz verschiedene Gebäude gedanklich wieder auferstehen.

Wenn man davon ausgeht, dass die Basilika tatsächlich existiert hat und demnach eine tektonische Logik inhäriert, dann ist es Vitruv wohl nicht gelungen, diese architektonische Logik in eine sprachliche Logik derart zu übersetzen, dass die verwendeten Zeichen eineindeutig interpretiert werden können. Dieser Verlust an semiotischem Wissen muss nicht allein auf den Autor und dessen sprachlich begrenzten Horizont zurückgeführt werden. Es gilt auch zu beachten, dass Übersetzen bedeutet, einen Sachverhalt von einem semiotischen System in ein anderes zu übertragen.[23] Das heißt, die deutschsprachigen Texte, die hier untersucht werden, sind Übersetzungen eines durch Abschriften überlieferten lateinischen Textes, der hingegen selbst eine Übersetzung eines Bauwerks in Worte darstellt – ausreichend Gelegenheit für Fehler.

Angenommen Vitruv hätte ein Detail seiner Basilika nur flüchtig erwähnt, weil er dessen gestalterische Ausführung als bekannt voraussetzt. Weiterhin angenommen diese flüchtige Bemerkung hat sich durch die Abschriften seines Textes im Lauf der Jahrhunderte des Mittelalters dermaßen verformt, dass sie heute keinen Sinn mehr ergibt und aus Verständnisgründen weggelassen wird, bestenfalls mit einer entsprechenden Fußnote versehen, dass an

---

[23] Vgl. Eco 2010, S. 30 ff.

dieser Stelle ein unleserliches Wort stehen würde, welches den Inhalt das Satzes aber nicht beeinträchtige. Jeder noch so präzise Rekonstruktionsversuch würde zwangsweise ein Gebäude ergeben, dass dem antiken Original zwar ähnlich aber nie gleich sein kann.

1.3 Von den architektonischen Zeichen

Ein Anfangspostulat dieser Untersuchung lautet, dass die Architektur das Stein gewordene Gleichnis der Logik und Sprache das eigentliche Medium der Logik sei. Die Ekphrase als ein Werk der Sprache ist das Medium, um ein Kunstwerk, ein Gebäude in eine sprachliche Form zu übersetzen. Das Ergebnis ist im Idealfall eine gedankliche Re-Genese des Kunstwerkes im Geist des idealen Lesers einer Ekphrase. Dieses Translationsergebnis der Architektur in die Sprache ist nur denkbar, wenn eine weitere, bereits postulierte Annahme zulässig ist; nämlich, dass eine kompatible Zeichenhaftigkeit zwischen beiden Ausdrucksformen der Logik existiert. Nur eine derartige Kompatibilität ermöglicht eine zumindest theoretisch verlustfreie Kommunikation in beide Richtungen – also von der Architektur in die Sprache und andersherum.

Es stellt sich nun die Frage nach der Beschaffenheit dieser Zeichensysteme, damit die Annahmen gelten. Die Antwort hierauf kann nur die Semiotik geben.

Unter Semiotik versteht man im Allgemeinen die Wissenschaft, die sich mit Zeichensystemen aller Art befasst – eine Zeichentheorie bzw. -lehre.[24]

Obwohl seit der Antike, wie ansatzweise aus der Perspektive der Architekturgeschichte dargestellt, über den Zusammenhang von Bezeichnendem und Bezeichnetem reflektiert wurde, existiert eine Wissenschaft von den Zeichen im strengeren Sinne des Wortes erst seit dem 20. Jahrhundert. Am Anfang dieser Wissenschaft stehen die beiden Gelehrten Ferdinand de Saussure und Charles Sanders Peirce. Saussures Erklärung der Semiotik durch ein dyadisches Zeichenmodell, bestehend aus Zeicheninhalt und Zeichenausdruck gibt den Anstoß zu der ein paar Jahre später durch Peirce veröffent-

---

[24] Vgl. Anzenbacher, Arno: *Einführung in die Philosophie*, Herder-Verlag, Freiburg im Breisgau 2002, S. 185.

lichten grundlegenden Definition der Semiotik mittels seiner triadischen Relation zwischen Objekt, Zeichen und Interpretant.[25] An diesen beiden Definitionen haben sich in den folgenden Jahrzehnten viele Autoren abgearbeitet. Für unsere Untersuchung ist hierbei die Semiotik Umberto Ecos von besonderem Interesse.

Eco präzisiert die Definition der Semiotik als eine Untersuchung aller kulturellen Vorgänge als Kommunikationsprozesse,[26] wobei er auch die Architektur als kulturellen Vorgang versteht. Unter dieser Bedingung ist eine Translation zwischen Architektur und Sprache denkbar. Ecos Architektursemiotik ist genau deshalb für unsere Untersuchung von besonderem Interesse. Sie ist, obwohl bereits über vierzig Jahre alt, die Basis vieler architekturtheoretischer Untersuchungen anderer Autoren.[27]

Laut Eco liegt die Herausforderung einer Architektursemiotik in der Besonderheit, dass ein Gebäude nicht zur Kommunikation sondern zur Funktionserfüllung errichtet wurde. Wie also lässt sich diese jeweilige Funktion unter dem Aspekt der Kommunikation betrachten? Und, was für weitere Vorteile ergeben sich aus einer solchen Betrachtung?[28] Das sind Ecos Grundsatzfragen, die er seiner Architektursemiotik voranstellt und im Verlauf seines Gedankenganges zu beantworten sucht.

Interessanterweise beginnt Eco seine Überlegungen mit einer Ursprungslegende, die sich in den Grundzügen gar nicht so sehr von den antiken Genesen der Baukunst unterscheidet:

„Versetzen wir uns in die Situation des Menschen der Steinzeit [...] Noch ganz 'Staunen und Wildheit' [...] flüchtet sich unser Mensch unter dem Druck von Kälte und Regen nach dem Beispiel irgendeines Tieres oder aus einem Impuls, in dem sich Instinkt und Überlegung konfus vermengen, in eine Schlucht, in eine Bergfurche oder in eine Höhle.

---

[25] Vgl. Eco, Umberto: *Einführung in die Semiotik*, Wilhelm Fink Verlag, München 1985 und http://de.wikipedia.org/wiki/Semiotik#.C3.9Cberblick.
[26] Vgl. Eco 1985, S. 32.
[27] Vgl. u. a. Baumberger, Christoph: *Gebaute Zeichen: eine Symboltheorie der Architektur*, Frankfurt am Main 2010; Boskamp, Jochen: „Architektur ist keine Sprache (sondern ein Zeichensystem)", in: *Architektur als Darstellung, als Zeichen, als Sprache*, Düsseldorf 1989; Carlini, Alessandro (Hrsg): *Konzept 1 – Architektur als Zeichensystem*, Tübingen 1971; Meisenheimer: „Einführung in den Themenkreis", in: *Architektur als Darstellung, als Zeichen, als Sprache*, Düsseldorf 1989;.Thomsen 1989.
[28] Vgl. Eco 1985, S. 295 f.

> *Geschützt vor Wind und Wetter betrachte unser Mensch mit Hilfe des Tageslichts oder im Feuerschein (vorausgesetzt, daß er das Feuer schon entdeckt hat) die Höhle, die ihn schützt. [...] Nachdem sich der Sturm gelegt hat, kann er die Höhle verlassen und sie von außen betrachten [...] Er bildet sich eine 'Idee von der Höhle', die – wenn auch zu nichts sonst – so doch als Gedächtnisstütze dienen kann, um künftig an sie als Zufluchtsort bei Regen denken zu können; aber auch, um in einer anderen Höhle dieselbe Schutzmöglichkeit wiederzuerkennen, die er in der ersten gefunden hatte."*[29]

Damit sind die Grundparameter ähnlich gesteckt wie bei Vitruv oder Lukrez. In einem „Naturbau" wird eine primäre Schutzfunktion entdeckt und soweit abstrahiert und formal analysiert, dass in ähnlichen Gebilden die gleiche Funktionserfüllung hineininterpretiert werden kann. Diese Abstraktion muss noch kein Wort für die Idee einer Höhle parat halten, aber die Geburt der abstrahierenden Sprache und eines abstrahierenden Nachbauens dieser Natur-Architektur steht kurz bevor. Eco nennt dieses Ideenbilden die Erzeugung eines architektonischen Codes.[30] Der nächste Schritt diesen architektonischen Code, diese Idee von einer Höhle, graphisch zu fixieren und damit einen ikonischen Code zu erzeugen, welcher wiederum kommunikative Beziehungen in Gang setzt, ist kein großer mehr.[31]

> *„An diesem Punkt wird die Zeichnung [...] von einer Höhle schon zur Mitteilung einer möglichen Funktion und bleibt es, auch wenn die Funktion nicht erfüllt wird oder kein Bedürfnis besteht, sie zu erfüllen."*[32]

Das ist die Voraussetzung unter welcher Architektur semiotisch betrachtet werden kann. Wenn mir der architektonische Code eines Gebäudes bekannt ist, dann teilt mir ein Gebäude seine Funktion mit, ohne dass ich es benutze oder auch zuvor jemals benutzt habe.

Architektur kann auf die Art als ein System von Zeichen gelesen werden.

---

[29] Ebenda, S. 296 f.
[30] Vgl. dazu auch Boskamp 1989, S. 90ff.
[31] Vgl. Eco 1985, S. 297.
[32] Ebenda, S. 297.

„Unser semiotischer Ansatz erkennt so im architektonischen Zeichen die Anwesenheit eines Signifikans, dessen Signifikat die Funktion ist, welche es ermöglicht."[33]

Nun ist es zweifellos so, dass ein Gebäude nicht nur exakt eine Funktion zu erfüllen hat, und andererseits gibt es Gebäude aus der Geschichte, die für uns heute gar keine oder eine gänzlich andere Funktion erfüllen als ursprünglich gedacht war. Eco entwickelt nun ein System der kommunizierbaren Funktionen. Die Kommunikation der primären Gebrauchsfunktion, der konventionellen Funktion nennt er Denotation. Die Denotation stellt die direkte Verbindung eines Begriffs mit seinem Gegenstand dar, ohne weitere Assoziationen und Nebenbedeutungen mit einzuschließen. Eine Denotation setzt stets die Kenntnis des architektonischen Codes voraus, da sonst Form und Funktion nicht überein gebracht werden können. Eco demonstriert dies an einem Beispiel. Ein Wohnhaus, das ein Architekt außerhalb jedes existierenden Codes erbauen würde, wäre zwar möglich und vielleicht im Gebrauch sogar wohnlicher als viele existierenden Gebäude nach konventionellen Codes, es wäre aber nicht bewohnbar, da sich das Haus als Zeichenkontext auf keinen bekannten Code bezieht.[34] Ohne präzise Gebrauchsanleitung des Architekten ist dieses Haus völlig unnütz, auch wenn die Form nachweislich der Funktion folgt.

Denotation bedeutet also die Kommunikation der Funktion eines architektonischen Gegenstandes und dessen Ideologie der Funktion. Es können aber noch weitere, mehr assoziative Funktionen kommuniziert werden. Dies nennt Eco Konnotation.[35] Als ein Beispiel wird wieder ein Wohnhaus herangezogen. Die Kenntnis des entsprechenden architektonischen Codes lässt mich an einem Gebäude erkennen, dass es ein Wohnhaus ist. So ein Gebäude kommuniziert aber noch viel mehr; wie etwa den Stil des entwerfenden Architekten, das Vermögen des Bauherrn oder klimapolitische Tendenzen. Es lassen sich also verschiedene Arten der Auffassung von Funktionen, sogar symbolische Funktionen erfassen.[36]

Sowohl Denotationen als auch Konnotationen kommunizieren Funktionen von Gebäuden. Die Kommunikation dieser Funktionen bleibt im Laufe

---

[33] Ebenda, S. 304.
[34] Ebenda, S. 309.
[35] Ebenda, S. 310.
[36] Ebenda, S. 307 ff.

der Jahrhunderte jedoch nicht stabil – Denotationen ändern sich oder geraten in Vergessenheit und Konnotationen verschwinden ebenso oder werden neu entdeckt oder erfunden.[37] Nun wird die Angelegenheit komplex und wir stehen vor historischen Gebäuden, deren Sprache wir nicht mehr oder falsch verstehen.

Was lässt sich zum Beispiel über Stonehenge sagen? Welche Funktion denotiert es? Man muss, so Eco zu diesem Punkt, die architektonischen Codes in zwei Typen Klassifizieren. Zum einen gäbe es die syntaktischen Codes wie etwa der Nachbildung der Wissenschaft von den Konstruktionen, die Beschreibung von einzelnen Bauteilen und statischen Zusammenhängen ohne Bezug zur Funktion noch zum denotierten Raum. Mit einem syntaktischen Code ließe sich problemlos Stonehenge beschreiben. Zum anderen gibt es semantische Codes; es ist der eigentliche Bereich von Denotation und Konnotation, sowohl was Details und deren Funktion angeht, als auch das Gebäude und dessen Typologie im Ganzen.[38] Hier wird es in Sachen Stonehenge schon schwieriger. Ist es zulässig, formale Ähnlichkeiten heranzuziehen, um funktionale Ähnlichkeiten anzunehmen? Oder lassen sich funktionale Ähnlichkeiten benutzen, um formale Ergänzungen re-konstruieren zu können?

An dieser Stelle erfolgt ein erster Verweis auf die Semiotik der Sprache, nämlich der Verweis auf einen signifikanten Unterschied. Während die Sprache ein absolutes inhaltliches Freiheitsfeld darstelle, so Eco, mit welchem sich unendlich viele Botschaften erzeugen ließen, wäre die Architektur nur die Formgebung bereits ausgearbeiteter Lösungen, gewissermaßen eine Kodifizierung von Botschaftstypen. Architektur biete keine generativen Möglichkeiten, sondern fertige Schemata (etwa der Code des Wohnhauses).[39] Andernfalls versteht man die kommunizierte Funktion nicht.

Was bedeutet das nun für unsere Untersuchung? Dass Architektur keine Sprache im Sinne unserer verbalen Sprache ist, wie es immer wieder in Entwurfsbegründungen leichtfertig angeführt wird, braucht nicht diskutiert zu

---

[37] Ebenda, S. 317 f.
[38] Ebenda, S: 329 f.
[39] Ebenda, S. 330 f.

werden.⁴⁰ Darauf wurde in der ernst zu nehmenden Forschungsliteratur auch bereits hingewiesen.⁴¹

Wir haben die Sprache als das direkte Medium der Logik definiert und die Architektur als dessen künstlerisches Abbild gesehen. Was aber ist Logik? Auf Aristoteles basierend, versteht man klassischer Weise unter Logik die Lehre von der Folgerichtigkeit des Denkens in Begriffen. Logik befasst sich mit der Form und nicht mit dem Inhalt des Denkens.⁴² Dieser Ansatz konzentriert sich auf die Sprache. Seit dem Ende des 19. Jahrhunderts wird Logik jedoch auch abstrakter gefasst. Hier hat sich die Bezeichnung Logistik oder symbolische Logik etabliert. In dieser modernen Version der Logik werden „Symbole, Regeln für die Kombination von Symbolen und Regeln zum Erreichen gültiger Schlüsse gegeben. Sie will eine konsistente Theorie formaler Schlüsse und Interpretationen erreichen."⁴³ Dazu wird ein abgeschlossenes System von Zeichen mit dazugehörigen Operationsregeln betrachtet, das Kalkül genannt wird.⁴⁴ Ein klassisches Kalkül wäre ein Schachspiel. Aber auch Architektur kann als ein Kalkül aufgefasst und auf dieser Ebene mit der Sprache verglichen werden. Auf diesem Gedankenansatz aufbauend, fügen wir eine eigene Definition von Logik an:

Logik ist der widerspruchsfreie Gebrauch verschiedener, auf andere Zeichen verweisender Zeichen eines Systems nach bestimmten Regeln.

Die Voraussetzungen, einen Inhalt von Architektur in Sprache oder andersherum transkribieren zu können, sind kompatible Zeichen – und Regelsysteme (Kalküle) – semiotische Schemata, syntaktische und semantische Codes.

Diese Sichtweise harmoniert mit Ecos Architektursemiotik. Sie zeigt zugleich die Schwierigkeit einer solchen Translation. Einen formal begrenzten

---

⁴⁰ Anderer Ansicht sind u. a. Fischer, Günther: Architektur und Sprache: *Grundlagen des architektonischen Ausdruckssystems*, Gütersloh 1972 und Summerson, John: *Die klassische Sprache der Architektur*, Braunschweig 1983

⁴¹ Vgl. Baumberger 2010, S. 73; Dorfles, Gillo: „Ikonologie und Semiotik in der Architektur", in: *Konzept 1 – Architektur als Zeichensystem*, Tübingen 1971; Fusco, Renato de: *Architektur als Massenmedium: Anmerkungen zu einer Semiotik der gebauten Formen*, Gütersloh 1972; Hauser, Andreas: „Architecture parlante – stumme Baukunst?", in: *Architektur und Sprache – Gedenkschrift für Richard Zürcher*, München 1982, S. 127-161.

⁴² Vgl. dtv-Atlas *Philosophie*, dtv, München 2003, S. 47 und Kröner *Philosophisches Wörterbuch*, Kröner-Verlag, Stuttgart 1965, S. 359ff.

⁴³ Dtv-Atlas 2003, S. 211.

⁴⁴ Vgl. Kröner 1965, S. 361f.

architektonischen Code anhand eines Beispiels in das formfreie semiotische System der Sprache zu übersetzen, ist wesentlich leichter, als aus dieser freien Umsetzung wiederum einen eineindeutigen, begrenzten architektonischen Code zu abstrahieren und diesen auf ein konkretes Gebäude anzuwenden.

1.4 Vom sprachlichen Übersetzen

Gemäß Ecos Semiotik wäre eine Ekphrase, die nur einzelne architektonische Details eines Gebäudes summarisch aufzählt und beschreibt, die Wiedergabe eines syntaktischen Codes. Um ein Gebäude vollständig in Sprache transkribieren zu können, müssen jedoch auch denotative und konnotative Funktionen beschrieben werden. Und zwar derart beschrieben werden, dass ein Missverstehen auch nach zweitausend Jahren ausgeschlossen ist.[45] Unter diesem Gesichtspunkt soll Vitruvs Ekphrase im Hauptteil betrachtet werden. Der zweite, hier zunächst wichtigere Punkt ist der inhaltliche Wandel, den ein Text vollzieht, wenn er in eine andere Sprache übersetzt wird und wie sich diese Wandlung im Laufe der Jahrhunderte verändert, wenn immer wieder neue Übersetzungen des einen Urtextes angefertigt werden.

Die Wissenschaft von der Übersetzung wird Translatologie genannt. Sie ist als strenge Wissenschaft nicht älter als die Semiotik. Wenn zuvor die Bedingungen der Möglichkeit eines Übersetzens von Architektur in Sprache skizziert wurde, soll nun die Problematik beim Übersetzen von einer Sprache in eine andere dargestellt werden. Als wesentliche Quelle dieser Darstellung dient uns ein weiteres Werk Umberto Ecos, der sich auch diesem Thema wissenschaftlich, als Autor von Romanen und als praktizierender Übersetzer leidenschaftlich gewidmet hat.

Nach Eco ist Übersetzen der Versuch trotz der Erkenntnis, dass man in zwei Sprachen niemals genau dasselbe sagen kann, quasi dasselbe sagen zu wollen.[46]

---

[45] Zur Problematik des Alles-Beschreiben-Müssens: Knoepfli, Albert: „Die Sprache des Kunsthistorikers – Hilfe und Hindernis", in: : *Architektur und Sprache – Gedenkschrift für Richard Zürcher*, München 1982, S. 169-190.
[46] Vgl. Eco 2010, S. 10.

> „*Übersetzen heißt also, das innere System einer Sprache und die Struktur eines in dieser Sprache gegebenen Textes verstehen und dann ein Double des Textsystems schaffen, welches – nach Maßgabe einer bestimmten Beschreibung – beim Leser ähnliche Wirkungen erzeugen kann, ähnlich sowohl auf der semantischen und syntaktischen Ebene wie auf der stilistischen, metrischen, lautsymbolischen und in den Gefühlsregungen, die der Originaltext hervorrufen wollte.*"[47]

Die Einschränkung 'Maßgabe einer bestimmten Beschreibung' entspricht dem 'quasi' in der vorhergehenden Definition. Es ist der hinzunehmende Makel einer Übersetzung im Vergleich zum Original. Eco nennt diese Maßgabe auch Verhandlung.[48] Verhandeln heißt in diesem Falle für Eco:

> „*...einige der Konsequenzen, die im originalen Ausdruck enthalten sind, 'abzufeilen'. Die Interpretation, die jeder Übersetzung vorausgeht, muß festlegen, wie viele und welche der möglichen Konsequenzen, die der originale Ausdruck nahelegt, abgefeilt werden können. Wobei man nie völlig sicher sein kann, daß nicht irgendein ultravioletter Widerschein oder eine infrarote Anspielung verlorengeht.*"[49]

Damit sind die Grenzen der Äquivalenz zwischen Original und Übersetzung festgelegt.

Fensterbusch gibt in der Einleitung seiner Vitruvübersetzung einen kurzen Überblick über die ältesten Handschriften des Traktats.[50] Am Anfang dieser Genealogie steht ein einziger, jedoch verloren gegangener Archetypus; geschrieben in angelsächsischer Minuskel. Alle weiteren Handschriften bzw. Abschriften beziehen sich direkt oder indirekt auf diesen einen Archetypus, obwohl auch dieser nur eine Abschrift noch älterer Handschriften ist. Die älteste noch existierende Handschrift stammt aus dem 9. Jahrhundert, weist aber Wort- und Reihenlücken auf, da der Schreiber, so Fensterbusch, des Lateinischen offensichtlich nur wenig mächtig war. Diese Lücken sind in den

---

[47] Eco 2010, S. 18.
[48] Ebenda, S. 19.
[49] Ebenda, S. 110 f.
[50] Vgl. Fensterbusch 1964, S. 11 ff.

folgenden Abschriften sukzessive gefüllt worden, allerdings nach dem Ermessen des jeweiligen Schreibers. Wodurch sich der Text von Abschrift zu Abschrift weiter veränderte.

Das heißt, jede noch so philologisch präzise Übersetzung des Traktats ins Deutsche kann sich lediglich auf eine Reihe von mittelalterlichen, untereinander divergierenden Abschriften stützen, die selbst nur Kopien von Kopien sind und etwaige inhaltliche Lücken der Vorgänger mehr oder weniger phantasievoll und im Geschmack der Zeit ergänzt haben.

1.5 Von der Re-Konstruktion

Wie wir bis hierher bereits gesehen haben, besteht der in der Untersuchung zu beobachtende und zu analysierende Prozess aus drei Phasen. In der ersten Phase vollzieht sich die Übertragung eines Bauwerkes in eine sprachlich äquivalente Beschreibung, eine Art Dekonstruktion. In der zweiten Phase wird dieses sprachliche Äquivalent in eine andere Sprache übersetzt. Und die dritte Phase beinhaltet die Re-Konstruktion des sprachlichen Äquivalents als ein architektonisches Gebilde.

Nach Semiotik und Translatologie geht es nun um die Frage, was in diesem Sinne eine Re-Konstruktion sei?

Winfried Nerdinger definiert den Begriff 'Rekonstruktion' in seinem 2010 erschienenen Aufsatz- und Bildband *Geschichte der Rekonstruktion – Konstruktion der Geschichte* allgemeinverständlich als eine „möglichst genaue Wiederherstellung eines verlorenen Zustandes."[51] Damit wäre tatsächlich grundsätzlich alles gesagt, was das Wort etymologisch hergibt, wenn Nerdinger nicht in einem Nebensatz anmerken würde, dass Rekonstruktion nicht mit den Begriffen Restaurierung, Wiederaufbau, Wiedererrichtung, Kopie, Teilrekonstruktion oder Nachbildung gleichzusetzen sei, da es im Detail feine Unterschiede gäbe.[52] Nicht nur dem Laien fällt es schwer, diese feinen Unterschiede zu entdecken. In den letzten Jahrzehnten hat es einige kontroverse Diskussionen über eine exakte Definition des Begriffes 'Rekonstruktion' im

---

[51] Nerdinger, Winfried: *Geschichte der Rekonstruktion – Konstruktion der Geschichte*, München 2010, S. 479.
[52] Ebenda, S. 6 und 16.

Bereich der Architektur gegeben. Nerdinger gibt im Glossar seines Aufsatzbandes eine Übersicht über die verschiedenen Variationen und Ansichten.[53]

Die gängigen wissenschaftlichen Diskussionen um den architektonisch verstandenen Begriff Rekonstruktion sind für unsere Untersuchung daher wenig hilfreich. Schließlich steht am Ende unserer Rekonstruktion kein reales Bauwerk, noch gilt es einen verloren gegangenen Zustand wieder herzustellen, da es kein bauliches Abbild oder dergleichen von der Original-Basilika in Fano gibt.

Unsere Re-Konstruktion ist im Gegensatz dazu hypothetisch, ein reines Gedankenspiel zum Zwecke der Untersuchung der dahinter liegenden semiotischen Prozesse.

Um das intersemitiosche Übersetzen von Architektur und Sprache als möglich anzusehen, mussten wir annehmen, dass beide Ausdrucksformen über untereinander kompatible Zeichensätze verfügen. Auch wenn es in Sachen der Anwendungsfreiheit Unterschiede gibt, ist diese Annahme akzeptabel, wenn Semiotik im Sinne Ecos als Kommunikationsprozess verstanden wird.

Um nun Sprache in Architektur übersetzen zu können, müssen wir annehmen, dass die Sprache ihrerseits eine tektonische Logik nachvollziehbar vermitteln kann. Das bedeutet natürlich nicht, dass der Satzbau des vitruvianischen Textes jenseits aller Denotation und Konnotation die Basilika nachbauen soll. Das wäre absurd und ein völliges Missverständnis dessen, was Architektur und Sprache mit einander verbindet. Es geht vielmehr um das Wechselspiel zwischen Simultaneität und Sukzession.

Während ein Bauwerk stets als Einheit kommuniziert, bei welcher simultan die verschiedenen Funktionen und die architektonischen Details vermittelt werden, stellt eine literarische Beschreibung immer eine Sukzession, ein Nacheinander der einzelnen Kommunikationsprozesse dar. Dass Architektur auch sinnlich nur sukzessive wahrgenommen werden kann, spielt bei unserer Unterscheidung keine Rolle, da der Sukzession dieser Sinneswahrnehmungen stets das Bauwerk als Ganzes, als Einheit zu Grunde liegen muss.

Der Autor einer Baubeschreibung muss also vor dem Schreiben zunächst das architektonische Eine in einzelne Bestandteile oder Segmente zerlegen oder de-konstruieren und dann eine logische Reihenfolge festlegen, wann

---

[53] Vgl. Nerdinger 2010, hierzu besonders das Glossar auf S. 479. Nerdinger führt hier die interpretierende, genaue, philologische, hypothetische, freie, fiktive, zeichnerische, filmische, digitale, virtuelle, archäologische und kritische Rekonstruktion an.

welches Segment innerhalb des Textes angeführt und mit welchem über die reine Beschreibung des Vorhandenen hinausgehenden Inhalt es versehen werden soll. Obwohl es keine Patentlösung gibt, stellt eine sinnvolle Anordnung der de-konstruierten Segmente die Vermittlung der tektonischen Logik eines Bauwerkes durch die Sprache dar – unabhängig von der Bedeutung der einzelnen Wörter und Sätze. Beispielsweise wäre es denkbar, ein Gebäude so umfassend wie sprachlich möglich zu beschreiben, in dem man abwechselnd vom Großen ins Kleine, von einem Ende des Gebäudes zum anderen hin und her springt. Eine derartige Ekphrase würde jedoch, trotz der Vollständigkeit des Inhalts erhebliche Probleme beim Leser verursachen, sich dieses Gebäude gedanklichen wieder zu rekonstruieren. Diese Bedeutung des Wortes Re-Konstruktion – das gedankliche Wieder-Zusammensetzen eines durch intersemiotische Übersetzung zerlegten, vormaligen Ganzen – ist für unsere Untersuchung maßgebend.

Es wird für die Untersuchung von besonderer Bedeutung sein, wie sich Vitruv literarisch durch sein Gebäude bewegt und welche Konsequenzen das für die Übersetzungen hat.

1.6 Wovon die Rede ist

Die grundlegende Frage, die unserem Forschungsvorhaben vorangestellt ist, lautet: Unter welchen Bedingungen ist es möglich, ein Gebäude nur mittels einer literarischen Beschreibung – einer so genannten Ekphrase – möglichst genau zu rekonstruieren?

Diese Frage soll anhand eines konkreten Beispiels erörtert und beantwortet werden. Das Beispiel muss so gewählt werden, dass folgende Bedingungen gelten: Erstens gibt es nur einen Text über ein Gebäude, jedoch keine archäologischen oder bauhistorischen Befunde. Zweitens wurden über einen langen Zeitraum von verschiedenen Interpreten diverse Rekonstruktionsversuche anhand des Textes vorgenommen, dich sich in ihrem Ergebnis deutlich voneinander unterscheiden.

Die Wahl fällt nicht von ungefähr auf Vitruvs Beschreibung seiner Basilika in Fano. Vitruvs Ekphrase innerhalb seines Architekturtraktates ist die einzige Überlieferung des Gebäudes, und seit der Renaissance hat es unzählige Übersetzungen dieses Textes mit mindestens ebenso vielen Rekonstruktionsversuchen der Basilika gegeben. Das Vorhaben beschränkt sich auf verschiedene Übersetzungen der Passage ins Deutsche im Laufe von vier Jahrhunderten. Untersucht werden die Übersetzungen von Gualtherus Hermenius Rivius,[54] August Rode,[55] Franz Reber,[56] Jakob Prestel[57] und Curt Fensterbusch.[58] Doch allein dieser eng abgesteckte Rahmen ermöglicht alle relevanten Aspekte zu untersuchen, denn es lassen sich große Unterschiede in den Übersetzungen sowie den beigefügten zeichnerischen Rekonstruktionen der Basilika entdecken.

Wie kann das sein? Ist der Text inhaltlich so lückenhaft, dass es einer gewissen hermeneutischen Phantasie bedarf, um das Gebäude darstellen zu können oder wird der Text fehlerhaft gelesen?

In den vorangegangenen Kapiteln haben wir den Untersuchungsrahmen thematisch abgesteckt und erläutert.

Seitdem der Mensch über seinen Ursprung reflektiert, sieht er Architektur und Sprache auf eine geheimnisvolle, mystische Weise miteinander verbunden. Es sind die beiden Eckpunkte des menschlichen Erkenntnisvermögens – auf der einen Seite die reine Abstraktion der Sprache, durch welche die Dinge gedanklich auf eine logische Art miteinander kombiniert werden können, so dass daraus etwas Neues ohne einen zusätzlichen Reiz seitens der objektiven Welt entstehen kann (etwa in der Philosophie) und auf der anderen Seite die reale Manifestation eines schöpferischen Gedankens in der objektiven Welt durch ein Bauwerk, welches sich aus einer logischen Kombination von Elementen zusammensetzt. Sowohl Sprache als auch Architektur sind Formen des Ausdrucks logischer Zusammenhänge. Wobei die Sprache ein direktes Medium der Logik ist und Architektur deren mediales Abbild. Die Kombination von beiden lässt uns die Welt verlässlich erkennen und dauerhaft umgestalten.

Die Bedingung der Möglichkeit einer derartigen Kombination ist die Annahme einer kompatiblen Zeichenhaftigkeit, welche ein intersemiotisches

---

[54] Rivius, Gualtus Hermenius: *Marcus Vitruvius Pollio – Zehen Bücher von der Architectur und künstlichem Bauen*, Nachdruck der Ausgabe Nürnberg 1548, Georg Olms Verlag, Hildesheim 1973.
[55] Rode, August: *Vitruv – Baukunst*, Faksimile-Druck der Erstausgabe von 1796, Artemis Verlag für Architektur, Zürich und München 1987.
[56] Reber, Franz: *Vitruv – De Architectura Libri decem*, Original von 1865, Neugesetzte und überarbeitete Ausgabe, marix-verlag, Wiesbaden 2004.
[57] Prestel, Jakob: *Marcus Vitruvius Pollio – Zehn Bücher über Architektur*, Original von 1912, Nachdruck Koerner Verlag, Baden-Baden 1987.
[58] Fensterbusch, Curt: *Vitruv – Zehn Bücher über Architektur*, Wissenschaftliche Buchgesellschaft, Darmstadt 1964.

Übersetzen von der Architektur in verschiedene Sprachen und von dort aus wieder in die Architektur möglich macht – die Basilika in Fano wird als Ekphrase vom Erbauer in Sprache übersetzt, diese Ekphrase wird abgeschrieben und in andere Sprachen übersetzt und anhand dieser Übersetzung wird versucht, die originale Basilika wieder auferstehen zu lassen.

Der Prozess, der hinter dieser Übersetzung steckt, lässt sich durch die drei Phasen De-Konstruktion, Translation und Re-Konstruktion beschreiben.

Die Untersuchung führt im Untertitel die Zeile 'Ein semiotisches Abenteuer'. Was zum einen natürlich eine Reminiszenz an Roland Barthes ist. Zum anderen aber wird die Art der Untersuchung charakterisiert. Sie ist einer abenteuerlichen Reise durch die Sprachen mehrerer Jahrhunderte vergleichbar, immer auf der Suche nach dem Grund des so und nicht anders Verstehens von Sprache und Architektur.

2. „Was sich überhaupt sagen läßt, läßt sich klar sagen..."

„...und wovon man nicht reden kann, darüber muss man schweigen."[59]

Während die Zahl der Publikationen zum Oberbegriff Vitruv beinah die Unendlichkeit erreicht, ist die Anzahl der wissenschaftlichen Abhandlungen, die sich konzentriert mit der Basilika in Fano befassen, überschaubar. Im folgenden Überblick liegt der Fokus auf den deutschsprachigen Publikationen, da sie, sprachlich bedingt, direkt mit den deutschen Übersetzungen in Beziehung gesetzt werden können. Aber auch international ist die Zahl der Forschungsarbeiten über die Basilika in Fano ins Verhältnis gesetzt äußerst begrenzt.[60] Offensichtlich ist es ein Thema, das über die Jahrzehnte hinweg von lediglich bauhistorischem Interesse und auch hier nur am äußersten Rande gewesen ist. Dass aus dieser einmaligen Ekphrase der Antike viel mehr herauszuholen ist als eine lückenhafte Vorlage für zeitbedingt phantasievolle Rekonstruktionen, ist bislang noch gar nicht in einem ausreichenden Maße thematisiert worden. Dabei bietet uns die Beschäftigung mit der Sprache weiträumige Perspektiven für ein Verständnis von Architektur. Auf diese translatorische Wechselbeziehung ist in der Einleitung hingewiesen worden. Die Untersuchung der vitruvianischen Textpassagen ist daher nicht als bauhistorische Forschung bzw. Rekonstruktionsversuch zu sehen – denn dies kann der Text nachweislich nicht leisten, sondern sie eröffnet vielmehr eine Perspektive, wie Architektur überhaupt als ein System von Zeichen zu verstehen ist. Es ist ein architekturtheoretischer Erkenntnisgewinn von allgemeiner Bedeutung.

1902, etwa zehn Jahre vor Veröffentlichung seiner Vitruvübersetzung, verfasst Jakob Prestel, gewissermaßen als Vorstudie, einen umfassenden und äußerst detaillierten Aufsatz über die Vitruv-Basilika: *Des Marcus Vitruvius*

---

[59] Wittgenstein, Ludwig: *Tractatus logico-philosophicus*, Suhrkamp-Verlag, Frankfurt am Main 2003, S. 7.
[60] Bspw.: Pellati, F.: *La Basilica di Fano e la Formazione del Trattato di Vitruvio*, Rendic. della Pontificia Acc. di Archeologia, Voll. XXIII-XXIV, 23-4. 1947-9.153; Wistrand, Erik: *Vitruviusstudier*, Dissertation, Eranos förlag, Göteborg 1933; Lüttichau, Rodolfo di: *La basilica di Vitruvio in Fano e i suoi ruderi*, Tipogr. Sonciniana, Fano 1934.

Pollio Basilika zu Fanum Fortunae.[61] Die Abhandlung gliedert sich in drei Teile: die Geschichte der Basilika als Bauform, die Übersetzung der Ekphrase im Vergleich zu früheren Übersetzungen und die Rekonstruktion der Basilika anhand des Textes, archäologischer Befunde und auf zeichnerischem Weg.

Im Vorwort und im Rahmen seiner Übersetzertätigkeit geht Prestel auf Vitruvs Sprache und die Unvollständigkeit der Ekphrase der Basilika ein. Er behauptet, Vitruv erläutere nur durch eine Aufzählung der hauptsächlichen konstruktiven Momente, während er technisch-nebensächliche Dinge unerwähnt lässt, da er sie für den damaligen Leser als selbstverständlich und damit bekannt voraussetzt.[62] Um das Bauwerk nach heutigem Kenntnisstand rekonstruieren zu können, sieht sich Prestel deshalb gezwungen, „das Original nach seinem wahren Sinnlaute zu verdeutlichen und dementsprechend die Rekonstruktion zu gestalten."[63] Dies sei notwendig gewesen, da frühere Übersetzer – Prestel nennt hier unter anderem Rode und Reber – derart voreingenommen gewesen seien, dass textliche Unklarheiten nach den eigenen Anschauungen und nicht nach den Intentionen Vitruvs angepasst worden seien.[64] Es wird im Hauptteil der Untersuchung zu prüfen sein, wie gut es Prestel gelingt, seine Neutralität während des Übersetzens zu wahren. Merkwürdigerweise findet seine detailreiche Abhandlung in den folgenden Jahrzehnten nur geringe Beachtung.

Einer der wenigen, die sich mit Prestels Gedanken und Ausführungen über die vitruvianische Basilika beschäftigen, ist Walter Sackur. In seinem 1925 erschienen Werk *Vitruv und die Poliorketiker*[65] beschäftigt er sich besonders ausführlich mit den bautechnischen Aspekten einer möglichen Rekonstruktion der Basilika und avanciert damit zur zentralen Forschungsquelle für spätere Arbeiten, die sich ebenfalls mit der Basilika-Rekonstruktion oder einzelnen Aspekten davon befassen.

Nach seiner Dissertation über die Basilika in Pompeji 1973 veröffentlicht Karl Friedrich Ohr 1975 die für die kommenden Jahrzehnte maßgebende Studie über Vitruvs Basilika – „Die Form der Basilika bei Vitruv".[66] Als seine

---

[61] Vgl. Prestel, Jakob: *Der Marcus Vitruvius Pollio Basilika zu Fanum Fortunae*, J. H. E. Heitz (Heitz und Mündel), Straßburg 1900/1902.
[62] Ebenda, S. 2 und 38.
[63] Ebenda, S. 2.
[64] Ebenda, S. 37 f.
[65] Vgl. Sackur, Walter: *Vitruv und die Poliorketiker*, W. Ernst und Sohn, Berlin 1925 – lag bei Abfassung der Arbeit nicht vor, wird indirekt zitiert.
[66] Vgl. Ohr, Karlfriedrich: „Die Form der Basilika bei Vitruv", in: Bjb 175, 1975, S. 113-127.

wesentlichen Quellen zum Thema führt Ohr neben allgemeinen Vitruvstudien und diversen Übersetzungen Walter Sackurs *Vitruv und die Poliorketiker* an. Prestels detailversessene Untersuchung findet hingegen nur summarische Beachtung. Auch Ohr geht es, wie allen Autoren vor und nach ihm, um eine bauhistorische Interpretation der Textpassage.[67] Die mangelnde inhaltliche Vollständigkeit des Textes für eine genaue Rekonstruktion der Basilika begründet Ohr mit der Intention Vitruvs, lediglich die konstruktiven Zusammenhänge der architektonischen Formen darzustellen.[68] Des Weiteren macht er bei Unklarheiten die über die Jahrhunderte erfolgte Verderbtheit der Textstellen verantwortlich.[69] Die Untersuchung Ohrs endet mit einem eigenen Übersetzungsvorschlag der Ekphrase, welche sich zwar an der Übersetzung Fensterbuschs orientiert, im Detail aber einige Unterschiede aufweist.

Kurz nach der prägenden Studie über Vitruvs Basilika von Karl Friedrich Ohr veröffentlicht Sabine Weyrauch 1976 ihre *Studien zu illustrierten Vitruvausgaben seit der Renaissance mit besonderer Berücksichtigung der Rekonstruktion der Basilika von Fano*,[70] deren Bedeutung in den folgenden Jahren offensichtlich unterschätzt wurde. Als wesentliche Quellen zum Thema führt Weyrauch die Werke Ohrs und Sackurs an. Auch wenn es Weyrauch in ihrer Studie in erster Linie um eine vergleichende Analyse der graphischen Rekonstruktionsversuche der Fano-Basilika im Laufe der Jahrhunderte geht, ist eine Beschäftigung mit der Ekphrase selbst ein wichtiger Teil der Untersuchung. In ihren einleitenden Worten betont Weyrauch, dass die Übersetzungen im Laufe der Jahrhunderte ziemlich voneinander abweichen würden und beschränkt sich deshalb auf die moderne Übersetzung von Fensterbusch.[71] Für Weyrauch ist es offensichtlich, dass bis heute noch keine exakte Rekonstruktion der Basilika angefertigt wurde. Den Grund sieht sie in den fehlenden Abbildungen, die im Laufe der Jahrhunderte nach Vitruv verloren gegangen sein müssen.[72] Im Anschluss diskutiert Weyrauch luzide die ein-

---

[67] Ebenda, S. 113.
[68] Ebenda, S. 120.
[69] Ebenda, S. 122.
[70] Vgl. Weyrauch, Sabine: *Die Basilika des Vitruv – Studien zu illustrierten Vitruvausgaben seit der Renaissance mit besonderer Berücksichtigung der Rekonstruktion der Basilika von Fano*, Behr Fotodruck, Stuttgart 1976.
[71] Ebenda, S. 7.
[72] Ebenda, S. 25.

zelnen, von Vitruv beschriebenen Bauelemente seiner Basilika und vergleicht sie mit den verschiedenen Rekonstruktionsversuchen der Jahrhunderte und wägt die einzelnen Lösungen nach aktueller Forschungslage ab.[73]

Im Jahr 1984 werden im Aufsatzband *Vitruv-Kolloquium* zwei Studien veröffentlicht, die sich mit Vitruvs Basilika beschäftigen. Hans Wiegartz befasst sich in seiner Arbeit mit Vitruvs Darstellung der römischen Basilika im Allgemeinen.[74] Es geht ihm in erster Linie um einen bautypologischen Vergleich zwischen historischem Text und archäologischen Funden. In Detailfragen zieht er immer wieder die Baubeschreibung der Basilika in Fano heran und vergleicht diese mit der freigelegten Basilika in Pompeji. Wiegartz konstatiert eine inhaltliche Lückenhaftigkeit im Text Vitruvs und begründet diese mit der Selbstverständlichkeit, mit welcher der Leser diese Punkte aus der eigenen Anschauung und Erfahrung heraus vermutlich ergänzen konnte.[75] Wiegartz bemerkt, dass die vielen Zahlenangaben dazu verleiten würden, eine vollständige Rekonstruktion aus dem Text gewinnen zu können, dass dieses Vorhaben jedoch illusorisch sei, da der Text inhaltlich in vielen Dingen unvollständig sei, es sich aber ablesen lasse, dass der Bau in Fano eine Sonderform darstelle, da sie von den allgemeinen Angaben zur Basilika abweichen würde.[76] In seinen Fußnoten verweist Wiegartz dieses Thema betreffend auf die Arbeiten Karl Friedrich Ohrs.

Im gleichen Aufsatzband beschäftigt sich Wilhelm Alzinger mit dem von Vitruv beschriebenen Tribunal an seiner Basilika, speziell mit deren Namensgebung durch den Autor.[77] Auch er zitiert Ohr als einzige Quelle dieses Thema betreffend, während er Weyrauchs Studie, die ebenfalls eine Position bezieht,[78] nicht erwähnt. In seinen einleitenden Worten weist Alzinger wie zuvor Ohr auf die Differenz in der Präzision der Beschreibung zwischen Grundriss und Aufriss hin. Es folgt ein kurzer Überblick über die Bauform Basilika in der antiken Geschichte anhand von überlieferten Textstellen und

---

[73] Ebenda, S. 26 ff.
[74] Vgl. Wiegartz, Hans: „Vitruvs Darstellung der römischen Basilika", in: *Vitruv-Kolloquium*, ThD Schriftreihe Wissenschaft und Technik, Band 22, Lehrdruckerei der Technischen Hochschule Darmstadt, Darmstadt 1984, S. 193-237.
[75] Ebenda, S. 197.
[76] Ebenda, S. 201.
[77] Vgl. Alzinger, Wilhelm: „Aspectus pronai aedis Augusti", in: *Vitruv-Kolloquium*, ThD Schriftreihe Wissenschaft und Technik, Band 22, Lehrdruckerei der Technischen Hochschule Darmstadt, Darmstadt 1984, S. 185-191.
[78] Vgl. Weyrauch 1976, S. 26.

archäologischen Befunden. Zentrales Thema der Studie ist dann jedoch, welche Dimension ein dem Augustus geweihter Annex zur Zeit Vitruvs haben konnte. Diese Erörterung schließt einen vagen Rekonstruktionsversuch dieses Teilbereiches mit ein. Auf eine abschließende Version konnten sich weder Alzinger noch die Teilnehmer der anschließenden Diskussion des Vitruv-Kolloquiums einigen.

In den letzten drei Jahrzehnten scheint Vitruvs Basilika aus eingangs erwähnten Gründen kein nennenswertes Forschungsinteresse mehr geweckt zu haben.

2.1 Aufbau der Ekphrase

Wie der Titel von Vitruvs Traktat bereits vorgibt, besteht das Werk *De Architectura Libri decem* aus zehn Büchern beziehungsweise Überkapiteln, in welchen der Autor das gesamte Feld der Architektur im Verständnis der damaligen Zeit abgehandelt wissen will.

Im fünften Buch befasst sich Vitruv mit öffentlichen Profanbauten wie Basiliken, Schatzhäusern, Rathäusern, Theatern, Bädern und Wandelhallen. Im ersten Unterkapitel wird die Anlage der Märkte und der Basiliken thematisiert, und hier fügt Vitruv als ein anschauliches Beispiel die Ekphrase seiner Basilika in Fanum Fortunae ein. Zur Strukturierung des Inhalts und zum besseren Vergleich mit dem lateinischen Text nummeriert Fensterbusch wie die meisten seiner Vorgänger in seiner Übersetzung neben der Übernahme der Zeilen- und Seitenzahlen des Index Vitruvianus die Unterkapitel in absatzähnliche Sinneinheiten. Anhand dieser Nummerierung soll im Folgenden der Inhalt des ersten Kapitels des Fünften Buches kurz skizziert werden.

In 1 bis 3 werden die Anlagen der Märkte und Wandelhallen beschrieben und deren Unterschiede zwischen griechischer und römischer Bauweise dargestellt. In 4 bis 5 wird beschrieben, wie die Basilika an den Markt zu grenzen hat und wie sie im Verhältnis dazu zu proportionieren ist. In 6 bis 10 schließlich beschreibt Vitruv seine Basilika.

Die Ekphrase in 6 beginnt selbstbewusst:

> *„Non minus summam dignitatem et venustatem possunt habere conparationes basilicarum, quo genere Coloniae Juliae Fanestri conlocavi curavique faciendam, cuius proportiones et symmetriae sic sunt constitutae.*

Nicht weniger können Entwürfe von der Art höchster Würde und Anmut haben, wie ich die Basilika für die Kolonie Fano entworfen und unter meiner Leitung als Architekt habe bauen lassen."[79]

Es folgen Kolonnen von Maßverhältnissen der Gesamtanlage, der Säulen, der Pilaster, der Balken und des Daches. In 7 wird der Lichteinfall in das Mittelschiff und die Position des Tribunals beschrieben. In 8 wird das Tribunal detaillierter beschrieben und in seinen Dimensionen und Funktionen bestimmt.

In 9 wird die Verbindung des Tribunals mit der Basilika, besonders im Bereich der Dachkonstruktion beschrieben. In 10 schließlich wird die Dachkonstruktion im Gesamten beschrieben und ein Loblied auf die Schlichtheit der Ausführung angestimmt:

„Item sublata epistyliorum ornamenta et pluteorum columnarumque superiorum distributio operosam detrahit molestiam sumptusque inminuit ex magna parte summam.
Ferner erspart die Weglassung des Schmucks eines Säulengebälks und der Anordnung der oberen Säulen mit ihrem Mauergürtel eine mühevolle, beschwerliche Arbeit und vermindert so zu einem großen Teil die Summe der Baukosten."[80]

Mit einer Aufzählung der ästhetischen Vorzüge des Bauwerkes endet die Beschreibung.

Leser dieser Ekphrase werden zunächst ob der scheinbaren Detailfülle buchstäblich erschlagen. Es bleibt das Gefühl, als hätte hier jemand mit akribischer Ausführlichkeit jedes noch so kleine Detail eines Bauwerks beschrieben, um nur ja nichts zu vergessen. Wiegartz hat in seiner Studie bereits auf diesen Effekt hingewiesen.[81]

Auf welche Weise bringt Vitruv nun die Simultaneität seines Bauwerks in die Sukzession seiner Beschreibung? Rekonstruieren wir den imaginären Weg, den ein Leser anhand der Beschreibung durch das Bauwerk nimmt.

Der Beginn der eigentlichen Baubeschreibung in 6 versetzt uns augenblicklich in das Innere des Gebäudes. Eine Annäherung von außen und eine

---

[79] Zitiert nach der zweisprachigen Ausgabe von Fensterbusch 1964, S. 208/209.
[80] Ebenda, S. 211.
[81] Vgl. Wiegartz 1984, S. 197.

Beschreibung der Lage fehlen gänzlich. Wir stehen im Mittelschiff und Vitruv erläutert uns die Proportionen des Gebäudes und der Innensäulen. Wir schauen uns zwar um, sehen aber keinen Eingang. Vielmehr wird unsere Aufmerksamkeit auf die Empore und die Deckenkonstruktion gelenkt, bevor wir das Tribunal gewahr werden. Hier erfahren wir nun, dass es eine Öffnung auf der gegenüberliegenden Seite Richtung Forum geben muss, deren Gestalt bleibt uns hingegen unklar. Jetzt erfahren wir detailliert etwas über das Tribunal, sodass anzunehmen ist, dass wir uns vom Inneren des Mittelschiffes direkt an das Tribunal begeben haben, um es uns genau anzusehen. Dabei fällt unser Blick auf die konstruktive Lösung der Dachanbindung des angebauten Tribunals mit der Basilika. Damit endet bereits die literarische Reise durch das Bauwerk. Im Grunde genommen sind wir nur wenige Schritte gegangen – mit dem Rücken zum Eingang stehend vom Mittelpunkt der Halle bis an das Tribunal. Gelegentlich haben wir dabei an die Decke geguckt. Mehr nicht.

Abstrahiert man die Ekphrase auf diese Art keimt der Verdacht auf, dass, entgegengesetzt der ersten Annahme einer Detailfülle, die Beschreibung für eine sinnvolle Rekonstruktion des Gebäudes völlig unzureichend ist. Diese Abstraktion zwingt uns sogar dazu, am Ende der Untersuchung das Problem zu diskutieren, ob Vitruv dieses Gebäude jemals in natura gesehen hat und welchen Verdacht dies auf seine Urheberschaft wirft.

2.2 Auswahl der Übersetzungen

Die fünf ausgewählten Übersetzungen umfassen geschichtlich gesehen den gesamten Zeitraum der deutschsprachigen Auseinandersetzung mit dem Werk Vitruvs; angefangen von der Übersetzung Rivius` aus dem 16. Jahrhundert über das Werk Rodes vom Ende des 18. Jahrhunderts, Rebers aus der Mitte des 19. Jahrhunderts und Prestels aus dem Beginn des 20. Jahrhunderts bis zur wissenschaftlich immer noch meistzitierten Ausgabe der Fensterbusch-Übersetzung aus der Mitte des 20. Jahrhunderts.

An dieser Stelle seien die weiteren deutschen Teilübersetzungen,[82] die bei dieser Untersuchung nicht weiter betrachtet werden, der Vollständigkeit

---

[82] Vgl. Ebhardt, Bodo: *Die zehn Bücher der Architektur des Vitruv und ihre Herausgeber seit 1484*, Burg-Verlag GmbH, Berlin ca. 1919.

halber erwähnt: Teilübersetzungen von C. Lorentzen (1857) und E. Stuerzenacker (1938). Mitte des 18. Jahrhunderts taucht auch noch eine Übersetzung der französischen Vitruv-Übersetzung von Claude Perrault durch einen M. Müller auf.

Walther Hermann Ryff oder latinisiert Gualtherus Herminius Rivius (um 1500 bis 1548) war ein süddeutscher Autor des Humanismus, der sich mit verschiedenen wissenschaftlichen Themen befasste, darunter auch das Werk Vitruvs. Nach einem deutschsprachigen Kommentar veröffentlichte Rivius am Ende seines Lebens, 1548, die erste deutsche Übersetzung des Vitruv. In seiner Arbeit stützte er sich vor allem auf die damals bekannten Vitruvausgaben von Cesariano und Sebastiano Serlio. Er betitelt seine Übersetzung mit „Des aller namhafftigisten unnd hocherfahrnesten römischen Architecti ... Marci Vitruvij Pollionis – Zehen Bücher von der Architectur und künstlichem Bawen".

August von Rode (1751 bis 1837) lebte und arbeitete als Schriftsteller, Politiker und Beamter in Dessau. Seine 1796 veröffentlichte Vitruvübersetzung blieb bis zur Neuübersetzung von Curt Fensterbusch die maßgebliche deutsche Ausgabe. Sein Werk heißt kurz und prägnant „Marcus Vitruvius Pollio – Baukunst".

Franz Xaver von Reber (1834 bis 1919) war ein süddeutscher Kunsthistoriker, der am Polytechnikum in München lehrte. Sein besonderes wissenschaftliches Interesse galt der Kunst der Antike und der Geschichte der Architektur. Die 1865 veröffentlichte Übersetzung der Zehn Bücher Vitruvs ist ein Produkt dieser Leidenschaft. Betitelt ist das Werk mit „Des Vitruvius zehn Bücher über Architektur, übersetzt und erläutert".

Jakob Prestel war ein deutscher Kunsthistoriker der Jahrhundertwende. Sein besonderes wissenschaftliches Interesse galt der Antike und der Renaissance. Seine 1912 veröffentlichte Vitruvübersetzung gilt als besonders penibel. Er betitelt es „Zehn Bücher über Architektur des Marcus Vitruvius Pollio".

Curt Fensterbusch (1888 bis 1978) war ein deutscher Altphilologe und Gymnasiallehrer. Seine 1964 erstmals erschienene deutsche Vitruvübersetzung löste die Übersetzung Rodes als der für wissenschaftliche Zwecke maßgeblichsten ab und ist bis heute das zu zitierende Standardwerk. Die Betitlung ist wie das gesamte Werk zweisprachig „Vitruv – Zehn Bücher über Architektur / Vitruvii – De Architectura Libri decem".

3. „Wie ich die Basilika für die Kolonie Fano entworfen..."

Im Gegensatz zu den bisherigen Forschungsansätzen, die Ekphrase mit archäologischen Befunden und historischen Rekonstruktionsversuchen abzugleichen, wird im Folgenden die Art und Weise der jeweiligen Übersetzung analysiert und mit dem überlieferten lateinischen Text verglichen. Es geht im Endeffekt nicht darum, die definitive Rekonstruktion zu entwickeln bzw. mögliche bauliche Lösungen anzubieten, sondern es steht vielmehr die Bewertung der Interaktion zwischen dem Gebrauch von Sprache und Architektur, in ihrer jeweiligen Anwendung historischer Elemente, im Fokus. Die Ekphrase der Basilika in Fano ist hierfür der Brennpunkt, in welchem sich die verschiedenen Aspekte strahlen-artig treffen.

Die Tatsache, dass es Textpassagen in der Baubeschreibung gibt, über die seit nunmehr Jahrhunderten gestritten wird, lässt zwei Schlussfolgerungen zu. Zum einen muss diese Passage, oder im Ganzen gesehen, die gesamte Ekphrase, inhaltlich unvollständig sein. Das ist offensichtlich. Vielleicht hat es im Original eine Zeichnung gegeben, die das Ungesagte anschaulich vermitteln konnte. Das ist aber ohne Relevanz, da diese hypothetischen Zeichnungen bereits im Mittelalter nicht mehr zur Verfügung standen. Zum anderen demonstriert die Variation in der Auslegung der unklaren Passagen aber auch der scheinbar eindeutigen Phrasen unseren kulturellen Wandel und unsere wechselnden ästhetischen Vorlieben. Unsere Untersuchung funktioniert daher wie ein intellektuelles Foucaultsches Pendel. Fixiert am geometrischen Punkt des lateinischen Textes schwingt die Betrachtung von einer Übersetzung zur anderen und beweist damit die Rotation der Sprachebene, wie sie sich unter dem Originaltext hinweg bewegt, ohne einen bestimmten Inhaltshorizont zu verlassen. Daher gibt es keine Übersetzung, die in Vitruvs Beschreibung zum Beispiel ein Kochrezept erkennt und dementsprechend wiedergibt.

Was alle untersuchten Übersetzungen eint – und darüber scheint es keine Diskussion zu geben – sind die Zahlenangaben der Maße in Fuß, oder bei Rivius in Werkschuch, und die Reihenfolge in der Darstellung der einzelnen Aussagen. Sowie es jedoch um die Sprache und den Gebrauch der Wörter geht, treten zum Teil deutliche Unterschiede zu Tage, obwohl im Grunde genommen, alle das Gleiche sagen wollen.

Um der Flut an Fußnoten zu entgehen, wird im Folgenden jeweils am Kapitelanfang der lateinische Text mit einer Quelle zitiert. Einzelne Passagen im Original und in den Übersetzungen werden durch kursive Schrift oder Anführungszeichen kenntlich gemacht, jedoch nicht mit einer Fußnote versehen. Die Angaben, wo die Ekphrase in der jeweiligen Übersetzung zu finden ist, erfolgt an dieser Stelle.[83] Die jeweiligen Übersetzungen als zusammenhängender Text sind zusammen mit den von den Übersetzern hinzugefügten Rekonstruktionszeichnungen aus gleicher Quelle der besseren Übersicht halber im Anhang zitiert und abgebildet.

3.1 Abschnitt 6

> „6. *Non minus summam dignitatem et venustatem possunt habere conparationes basilicarum, quo genere Coloniae Juliae Fanestri conlocavi curavique faciendam, cuius proportiones et symmetriae sic sunt constitutae. Mediana testudo inter columnas est longa pedes cxx, lata pedes lx. Porticus eius circa testudinem inter parietes et columnas lata pedes xx. Columnae altitudinibus perpetuis cum capitulis pedes l, crassitudinibus quinum, habentes post se parastaticas altas pedes xx, latas pedes ii s, crassas I s, quae sustinent trabes, in quibus invehuntur porticuum contignationes. Supraque eas aliae parastaticae pedum xviii, latae binum, crassae pedem, quae excipiunt item trabes sustinentes cantherium et porticum, quae sunt summissa infra testudinem, tecta.*"[84]

Der erste Absatz der Ekphrase beinhaltet neben dem bereits zitierten etwas eigenlöblichen Auftakt eine Fülle an Maßangaben und Proportionen. Die Basilika wird hier in ihren grundsätzlichen Dimensionen von Vitruv vorgestellt. Doch bereits der Auftakt bis zur ersten Zahlenangabe, der erste Satz also, findet sich in den Übersetzungen in ganz verschiedenen sprachlichen Gewändern wieder. Je genauer man hinsieht, umso verblüffender sind die Differenzen.

---

[83] Vgl. Rivius 1548/1973, S. CLXI-CLXII; Rode 1796/ 1987, Band 1, S. 203-207; Reber 1865/2004, S. 153-157; Prestel 1912-14/1987, S. 212-216; Fensterbusch 1964, S. 208-211.
[84] Fensterbusch 1965, S. 208.

Den lateinischen Satzanfang *non minus* haben nur Prestel („keine geringere") und Fensterbusch („nicht weniger") synonym übersetzt, während die anderen diese Formulierung übergehen. Interessanterweise bezieht Prestel sein *non minus* auf die ästhetische Wirkung („Würde und Schönheit"), während Fensterbusch den inhaltlichen Bezug auf die Bautypologie der Basilika setzt. Das eröffnet zwei verschiedene Perspektiven der Interpretation. Prestel lässt Vitruv sagen, dass Basiliken besonders ästhetisch ansprechend sind, wenn man sie so proportioniert wie er das getan hat. Fensterbusch suggeriert hingegen, dass auch eine eigentlich unattraktive Basilika schön gestaltet sein kann – man muss es nur so machen wie Vitruv in Fano.

Die Charakterisierung dieser ästhetischen Wirkung einer gut proportionierten Basilika gibt Rivius relativ frei mit „schöner gestalt der massen" wieder, während sich die anderen vier Übersetzer in Nuancen voneinander unterscheiden: Rode spricht von „größte(r) Würde und Anmuth", Reber von „höchster Würde und Schönheit", Prestel übersetzt mit „keine(r) geringere(n) Würde und Schönheit" und Fensterbusch schreibt von „höchste(r) Würde und Anmut".

Es ist keine Frage, dass alle grundsätzlich das Gleiche ausdrücken wollen. Doch warum wechselt man, während das Wort Würde (*dignitatem*) eine gewisse Konstanz besitzt, immer wieder zwischen Schönheit und Anmut (*venustatem*) hin und her?

Ähnlich uneins ist man sich bei der Bezeichnung der römischen Kolonie. Bei Rode ist es die „Julische Colonie zu Fanestrum" – wobei er in einer Fußnote bemerkt, dass der Ort heute Fano heißt, bei Reber die „julische Kolonie Fanum", Prestel schreibt hingegen dicht am lateinischen Original „Julische Kolonie Fanestris" und Fensterbusch übersetzt schlicht mit „Kolonie Fano". In dem er in einer Fußnote jedoch noch einmal den lateinischen Namen zitiert, verfährt er genau gegensätzlich im Vergleich zu Rode, während Rivius nur vom „Pallast Julie" spricht und erklärt, dass mit dem Wort *fanestri* eigentlich Fenster gemeint seien, was Rode in einer weiteren Fußnote zu dem Kommentar veranlasst, Rivius hätte hier wohl etwas gewaltig verwechselt.

Auch die Beteiligung und Urheberschaft Vitruvs am Bau wird unterschiedlich übersetzt. Bei Rode bedient sich Vitruv einer „Art von Einrichtung", bei Reber hat Vitruv nach einer bestimmten Art „entworfen und gebaut", bei Prestel hat Vitruv die „künstlerische Ausstattung [...] entworfen und als Architekt ihre Ausführung selbst geleitet", während bei Fensterbusch Vitruv von seinem Entwurf spricht, den er unter seiner „Leitung als Architekt habe bauen lassen."

Kurios ist ebenfalls, dass für *proportiones et symmetriae* unterschiedliche Begriffe verwendet wurden, obwohl die Bedeutung eigentlich eindeutig scheint. Rivius ist dicht am Original mit „proportion und Symetri", Rode vereinfacht zu „Verhältnisse – symmetriae", Reber schreibt von „Zahlen- und Maßverhältnissen", Prestel vom „Einzelverhältnis und künsterlische[m] Ebenmaß" und Fensterbusch gebraucht wie Rivius „Proportionen und Symmetrien".

Jenseits philologischer Fragestellungen, ob man *venustatem* mit Anmut oder Schönheit und *faciendam* mit Architekt übersetzen kann, bietet bereits diese einleitende Passage des sechsten Abschnittes einen ersten Einblick, wie die Übersetzer das Verhältnis Vitruvs zu seinem Gebäude gesehen haben und, was sie meinten, welche Aspekte der antike Autor für besonders wichtig gehalten hat. Es sind Interpretationen der konnotativen und denotativen Bedeutungen des Textes.

An dieser Stelle müssen wir diese Interpretationen wiederum interpretieren. Gehen wir vorweg davon aus, dass sich ein Übersetzer bei aller translatorischen Gewissenhaftigkeit in der Wahl seiner Wörter dem Einfluss seines Sprachhorizonts und den kulturellen Ideen seiner Zeit nicht entziehen kann.

Fensterbusch führt Vitruv Mitte des 20. Jahrhunderts als einen nüchternen Architekten ein, der wie die Meister der Moderne wenig von ornamentaler Schönheit zu halten scheint und dem es vielmehr um eine ästhetisch ansprechende Umsetzung eines Zweckbaues geht. Für Prestel hingegen ist ein halbes Jahrhundert zuvor Vitruv ein Gesamtkünstler wie die Jugendstilarchitekten seiner Zeit, der sich nicht nur um die bauliche Umsetzung kümmert, sondern eben auch mit der künstlerischen Gestaltung aller Details befasst ist, um einem Kunstwerk noch mehr ästhetischen Anspruch zu verleihen. Reber spricht Mitte des 19. Jahrhunderts als typischer Vertreter des schlichten, aber konturlosen Biedermeiers vom eingerichtet-sein, wenn er den architektonischen Entwurf Vitruvs meint. Für Rode hingegen ist um 1800 Vitruv ein Architekt, der versucht, gemäß der damaligen Mode der *architecture parlante*, seine Gebäude durch die Wahl architektonischer Details charakteristisch in Szene zu setzen. Rivius ist wiederum ein typischer Vertreter der deutschen Renaissance, der in seiner Übersetzung noch kein einheitliches deutsches Wort für das lateinische *basilicarum* zu gebrauchen scheint, und der durch die hiervon bedingte unbeholfene Wortwahl auch Vitruv wie einen Nichtrömer, einen nordischen Barbaren erscheinen lässt.

Es ist verblüffend. Betrachtet man die einzelnen Formulierungen im Detail, setzt sie in Bezug zur jeweils zeitgenössischen Kultur und vergleicht sie dann mit anderen Übersetzungen aus anderen Zeiten, wird deutlich, wie sehr die Konnotationen und Denotationen voneinander abweichen, obwohl alle fünf Übersetzer nur einen antiken Satz sinngemäß übersetzen wollten.

In den nächsten beiden Sinneinheiten oder, je nach Textgestaltung, Sätzen unterteilt Vitruv das Gebäude räumlich in einen zentralen und einen umlaufenden Bereich und benennt die jeweiligen Dimensionen. Es wurde bereits erwähnt, dass die Maßangaben bei allen Übersetzungen gleich sind; Unterschiede gibt es wiederum in der Wortwahl. Fensterbusch und Reber sprechen bezüglich des zentralen Bereichs (*mediana testudo*) von einem Mittelschiff, was eine Raumeinheit assoziiert, während Rivius, Rode und Prestel von der Deckenkonstruktion sprechen und diese mit „inner gewelb", „mittlere[s] Gewölbe" oder gar mit „mittleres mit horizontaler fester Decke abgeschlossenes Dachwerk" übersetzen.

Nach heutigem Wissensstand wurden zur Zeit Vitruvs noch keine größeren Gewölbekonstruktionen verwendet. Von daher sind die Formulierungen von Rivius und Rode sachlich falsch. Prestel hingegen, bemüht, sich eineindeutig verständlich zu machen, formuliert dagegen ein furchterregendes Satzgefüge, dessen Unübersichtlichkeit das Verständnis erschwert. Wörtlich übersetzt, bedeutet *testudo* Schildkröte, was zum einen verblüffend an den babylonischen Architekten erinnert und zum anderen durch den Schildkrötenpanzer entweder an eine gebogene, also gewölbte Form – darauf insistiert Rode in einer Fußnote – oder durch das Muster des Panzers an eine kassettierte Oberfläche erinnert. Diese Begründung führt Prestel in einer Fußnote an und argumentiert gegen die Gewölbekonstruktion, die Perrault, Newton und Rode zuvor angenommen hätten. Reber, der sich mit dem Begriff Mittelschiff dieser Diskussion entzieht, erklärt ebenfalls in einer Fußnote, dass *testudo* zwar Gewölbe bedeuten würde, aber auch ganz allgemein Decke heißen könne; an ein tatsächliches Gewölbe sei bei der Basilika überhaupt nicht zu denken. Das weiteren sei von einer Kassettierung der Decke auszugehen, auch wenn Vitruv hierüber nichts sagen würde. Fensterbusch erklärt hingegen in einer Fußnote, dass *testudo* „binderloses Dach" bedeute, dessen Konstruktion von innen sichtbar, also eben nicht kassettiert gewesen sei.

Es wird nie abschließend zu klären sein, was Vitruv genau gemeint hat, als er *testudo* schrieb. Die Vielfalt in der Auslegung dieses einen Begriffes und die dadurch verbundenen Konsequenzen für das gesamte Bauwerk zeigen jedoch bereits, wie sehr Sprache in der Lage ist, Architektur zu definieren. Je nach dem welche Logik ich den Worten gebe, ist das architektonische Abbild dieser Logik eine von mehreren Interpretationen.

Für die Bezeichnung des umlaufenden Bereiches (*porticus eius circa testudinem*) wählen die einzelnen Übersetzer Begriffe, die verschiedene Grade der Raumgröße assoziieren. Sortiert, vom Kleinsten zum Größten sind das „Porticus" (Rivius), „Korridor" (Reber), „Säulengang" (Rode), „Säulenumgang" (Fensterbusch) und „umgebende Hallen" (Prestel). Wohlgemerkt benutzen alle die gleiche Maßeinheit. Doch während Rebers Formulierung an einen begehbaren Schlauch denken lässt, suggerieren Prestels Hallen einen Raum, der ein eigenes Gebäude darstellen könnte. Prestel selbst erläutert in einer Fußnote näher, dass es sich hierbei um die „zweistöckigen Anlage[n] der Nebenschiffe" handeln würde.

Im nächsten Satz gibt Vitruv die Dimensionen der Säulen zwischen Mittelschiff und Säulenumgang in Gestalt einer Kolossalordnung an. Hier herrscht ungewohnte Einstimmigkeit. Lediglich Prestel präzisiert, dass 5 Fuß der Durchmesser des unteren Säulenbereiches ist und lässt damit durchblicken, dass die Säulen nach oben hin über eine Verjüngung, Entasis, verfügen. Ein Fakt, den alle anderen Übersetzer ausblenden, auch wenn neben Prestel auch Reber und Rivius in ihren Rekonstruktionszeichnungen eine Entasis erahnen lassen.

Im nächsten Satz erklärt Vitruv, dass an den Kolossalsäulen kleinere Pilaster angebracht sind, die die Zwischendecke des Säulenumgangs tragen. Abgesehen von Rivius, der die Pilaster mal „stockpfeiler" und mal latinisiert „Parastraten" nennt, sind sich die Übersetzer darin einig über den Namen und die Position dieses Bauelements innerhalb des Gebäudes. Ganz anders sieht es dagegen bei der Bezeichnung aus, was diese Pilaster denn nun konstruktiv zu tragen haben (*sustinent trabes, in quibus invehuntur porticuum contignationes*).

Bei Fensterbusch und Reber sind es schlicht und nahezu wortgleich „Balken", auf welchen die „Decke des Säulengang(e)s" aufliegt. Prestel hingegen, der wieder das Thema der Kassettierung aufnimmt, spricht von „Unterzügen nebst Tragbalken", in welche das „Getäfelwerk mit Kassetten [...] des untern Portikus eingespannt ist". Bei Rode liegt das „Dielenwerk der oberen Gänge" auf den „Balken". Rivius hingegen konstruiert an seine „stockpfeiler" noch „schwibbogen" heran, welche die „balcken" tragen, auf welche „der boden der vorschöpff" gelegt wird.

An diesem Punkt versetzen die Übersetzer den Leser an zwei verschiedene Orte. Während man bei den einleitenden Sätzen im Zentrum des Gebäudes steht, bewegt sich der Leser nun – je nach Übersetzer – durch den unteren Säulengang oder oben auf der Empore. Denn mal wird uns die Art der Deckenkonstruktion und mal die Bauweise des Emporenbodens beschrieben, um der Funktion der Pilaster einen Sinn zu geben. Auch wenn *invehuntur* die Bodenbelags-Version nahelegt, scheint es, literarisch gesehen, den Leser vom Zentrum aus in den Säulengang zu führen und die Konstruktion der Zwischendecke von unten betrachten zu lassen, in sich konsistenter. Abgesehen davon, dass Prestel penetrant an seiner Idee der Kassettierung der Decken festhält und daher gewissermaßen gezwungen scheint, diese Teilkonstruktion aus der Untersicht zu beschreiben.

Der nächste Satz beschreibt die Deckenkonstruktion der Empore. Wir sind nun eindeutig und bei allen Übersetzern vom Niveau des Erdgeschosses auf die Ebene des Zwischengeschosses gestiegen.

Rode, Reber und Fensterbusch bieten hier fast gleichlautende Übersetzungen an: dass über den unteren Pilastern weitere Pilaster stehen, auf denen „Balken" bzw. „Querbalken" ruhen, die das „Sparrenwerk" und das „Dach" der „Säulengänge" bzw. „Portiks", wie Rode sagt, tragen. Bei Prestel trägt konsequenterweise das „Sparrenwerk" die „Deckenstruktur mit ihren Kassetten"; während Rivius das ans lateinische Original angelehnte „Canterien" und das inzwischen ungebräuchliche Wort „oberschopff" für Sparrenwerk und Dach gebraucht.

Im letzten Abschnitt, der eigentlich nur besagt, dass diese Dachkonstruktion der Empore etwas niedriger ist als das Dach des Mittelschiffes (*quae sunt summissa infra testudinem, tecta*), wird es wieder kompliziert und verwirrend, wenn man sich die einzelnen Übersetzungen ansieht.

Reber und Fensterbusch gebrauchen erneut ihre Bezeichnung „Mittelschiff" und erklären fast gleichlautend und in einfachen und klaren Worten den Sachverhalt des Niveauunterschiedes der beiden Dachkonstruktionen. Der einzige sprachliche Unterschied liegt in der Art und Weise der Konstruktionsverbindung. Bei Reber ist das Dach additiv „angebracht", während es bei Fensterbusch als Teil des Ganzen „eingefügt" ist. Es ließe sich darüber diskutieren, ob Reber als „Biedermeier" mehr auf das Detail und Fensterbusch als „Moderner" mehr auf die statische Gesamtkonstruktion wert legt oder ob der Gebrauch der unterschiedlichen Verben persönlichen sprachlichen Neigungen zuzuschreiben ist.

Rode und Rivius lehnen sich inhaltlich Reber und Fensterbusch an, gebrauchen aber, ebenso konsequent wie inhaltlich falsch, ihre Formulierung „Gewölbe" bzw. „gewelb".

Kurios wird es bei Prestel, denn er schreibt, dass die kassettierte Deckenstruktur „unter der Verschalung der darüber befindlichen, testudo, Terrasse eingefügt" sei. Diese Formulierung ist so andersartig und, rein sprachlich, schwer zu verstehen, dass wir Prestels Rekonstruktionszeichnungen konsultieren müssen, um ihn zu verstehen. Bereits in einer Fußnote erklärt er, dass unter *testudo* an dieser Stelle eine „Terrasse nebst Dachstruktur" gemeint sei. Prestels Zeichnungen offenbaren,[85] dass er offensichtlich an eine Art Terrassendach über der Empore gedacht haben mag, da er eine horizontale Konstruktion mit kleiner Attika annimmt. Prestels Vision eines Flachdaches erscheint umso verwunderlicher, da er zuvor das Wort „Sparrenwerk" gebraucht. Diese konstruktive Interpretation steht im Widerspruch zu Rebers Zeichnungen, der eine leichte Dachneigung ohne abschließende Attika vorsieht. Rivius` Phantasie-Rekonstruktion sieht neben kräftigen Gewölbeausbildungen im Mittelschiff und in den Säulengängen sogar eine noch stärkere Dachneigung des Emporendaches vor als Reber. Im Grunde verlangt der Gebrauch des Wortes Sparrenwerk die Annahme einer zumindest leichten Dachneigung.[86] Im Gegensatz dazu suggeriert Ohrs schematischer Rekonstruktionsschnitt ein Flachdach über der Empore ohne Attika. Andererseits gebraucht auch er das Wort „Sparrenwerk"[87] in seiner an Fensterbusch angelehnten Übersetzung.

Bereits nach dem ersten Abschnitt der Ekphrase evozieren die verschiedenen Übersetzungen verschiedene Gebäude. Besonders die Konstruktion der Dächer, die Vitruv zwar thematisiert, aber offensichtlich nicht präzise genug erläutert, bietet Stoff zur Diskussion. Das lateinische Wort *testudo*, das – je nach Übersetzer – Dach, Gewölbe oder auch Terrasse heißen kann, scheint die Geister zu entzweien und zu verschiedenen logischen Lösungen und damit Rekonstruktionen zu verleiten. Dass derartige Denotationen auch differierende Konnotationen – Akustik, funktionales Verhältnis zum Forum, Verhältnis Herrscher zum Volk etc. – bedingen, ist eine Folge davon.

Was im Rahmen einer Übersetzung nicht relevant ist, aber bei unserer auch literarischen Interpretation durchaus interessiert, ist die Frage: Wie kommt der Leser vom Boden des Mittelschiffes auf die Empore? Weder Vitruv noch seine Übersetzer führen uns als Leser mittels architektonischer Logik auf die Empore. Kraft unserer Erfahrung, die wir mit Architektur gemacht haben, gehen wir stillschweigend davon aus, dass es Treppenanlagen

---

[85] Vgl. Prestel 1987, Tafel 42.
[86] Vgl. Ohr 1975, S. 115.
[87] Ebenda, S. 127.

gegeben hat. Aber wir wissen weder den genauen Ort innerhalb des Gebäudes, noch deren tatsächliche Form und Ausgestaltung.

3.2 Abschnitt 7

> *"7. Reliqua spatia inter parastaticarum et columnarum trabes per, intercolumnia luminibus sunt relicta. Columnae sunt in latitudine testudinis cum angularibus dextra ac sinistra quaternae, in longitudine, quae est foro proxima, sum isdem, angularibus octo, ex altera parte cum angularibus VI ideo quod mediae duae in ea parte non sunt positae, ne inpediant aspectus pronai aedis Augusti, quae est in medio latere parietis basilicae conlocata spectans medium forum et aedem Jovis."*

Der siebente Abschnitt beginnt mit einer letzten Bemerkung über die verschiedenen Dachniveaus und gibt im Anschluss eine Übersicht über die Anzahl der verwendeten Säulen. Zum Abschluss wird die Vorhalle vorgestellt – eine Gebäudeteil, das zu unendlicher Diskussion und Interpretation verleitet hat.

Bis auf Prestel übersetzen den ersten Satz alle in einer dem Original entsprechenden sachlichen Kürze. Die sprachlichen Variationen sind marginal. Rivius bedient sich zwar seiner gewohnten Mixtur aus Deutsch und Lateinisch und spricht von „spacien" zwischen den „Parastaten und Columne", in welche „fenstern" – hier muss er schließlich auf seine Interpretation von Fanestris zurückkommen – eingesetzt wären, durch welche das „liecht" einfallen könne. Aber vom Satzbau her unterscheidet er sich nur wenig von Rode, Reber und Fensterbusch. Diese variieren in Nuancen voneinander, sprechen mal von der „Lichteinstrahlung" und mal vom „eindringenden Licht", mal von „Säulenzwischenräumen" und mal von „Zwischenweiten", mal von „Balken", „Balkenlagen" oder „Unterbalken". Im Grunde ist man sich hier ungewohnt einig, was für eine präzise Formulierung Vitruvs spräche, wenn da nicht Prestels voluminöses Satzgefüge wäre, das den Rahmen zu sprengen scheint. Inhaltlich sagt Prestel nichts anderes als die anderen, aber statt Formulierungen wie „Balkenlage über den Pilastern" zu gebrauchen, für welche im Lateinischen nur das eine Wort *parastaticarum* steht, schreibt er in einem scheinbaren Zwange möglichst präzise und eineindeutig zu sein: „Gebälkabschluss mit Simskrönung, der oberen Pilasterstellung der Seitenschiffe". Es ist, als wolle Prestel die fehlenden Detailbeschreibungen umfassend ergänzen, um genau das Gebäude zu beschreiben, das Vitruv – seiner Meinung nach – auch gemeint habe. Es ist weiterhin das grundlegende Dilemma des Übersetzers, entweder Lücken nach eigenem Ermessen zu füllen oder einen Text fragmentarisch zu belassen. Es ist nicht zuletzt der faszinierende Bereich, in welchem sich Sprache und Architektur gegenseitig befruchten. An dieser Stelle im Text lässt Prestel seinen Drang nach Vollständigkeit freien Lauf, während die anderen den kurzen Satz Vitruvs möglichst genau wiedergeben.

Der folgende Halbsatz offenbart deutlich mehr Interpretationsvielfalt (*Columnae sunt in latitudine testudinis cum angularibus dextra ac sinistra quaternae*).

Alle Übersetzer sagen zwar, dass es an den kürzeren Seiten des Mittelschiffes je vier Säulen gibt; wie sie es hingegen sagen, ist hingegen sehr unterschiedlich. Fensterbusch spricht konsequent von den „Schmalseiten des Mittelschiffes", bei Prestel sind es die „Stirnfronten" des „Mittelsaales". Reber versucht es mit „rechter und linker Seite des Mittelschiffes". Damit ist er der Einzige, der *dextra ac sinistra* nicht auf die Ecksäulen, sondern auf die Seiten des Gebäudes bezieht. Rode formuliert ähnlich konsequent wie Fensterbusch nur eben nach seinem Konzept „Breite des Gewölbes" und Rivius ebenso „breyt Testudinis oder gewelbs".

Fensterbuschs „Schmalseiten" zeigen eine eindeutige Hierarchie der Seiten an und bezeichnen diese klar als untergeordnet im Vergleich zu den Langseiten, von denen eine ja auch an das Forum grenzt. Prestels Ausdruck „Stirnseiten" suggeriert hingegen eine Gleichwertigkeit zu den Langseiten, da unter dem Begriff Stirn eine Hauptansicht assoziiert wird, die in Konkurrenz zur Bedeutung der Langseiten steht. Schaut man sich darüber hinaus Prestels irritierende Ansichten seiner Rekonstruktion an,[88] wird diese ästhetische Äquivalenz besonders deutlich.

Im folgenden Abschnitt wird beschrieben, dass die Langseite, die an das Forum grenzt acht Säulen zählt (*in longitudine, quae est foro proxima, sum isdem, angularibus octo*). Abgesehen davon, dass Rode das Forum nach seiner ursprünglichen Funktion Markt nennt, herrscht zwischen allen Übersetzern absoluter Gleichklang. Es ist offensichtlich ein Satzteil, den man nicht falsch oder alternativ übersetzen kann. Die Schwierigkeit liegt jedoch in der Verknüpfung mit der folgenden Sinneinheit: *ex altera parte cum angularibus VI ideo quod mediae duae in ea parte non sunt positae, ne inpediant aspectus pronai aedis Augusti.*

---

[88] Vgl. Prestel 1987, Tafel 40 und 41.

Gehen wir die verschiedenen Übersetzungen chronologisch durch. Rivius sagt, dass auf der gegenüberliegenden Langseite die mittleren beiden Kolossalsäulen fehlen, „damit solche nit verhinderten das ansehen des hauß Augusti". In seiner Rekonstruktionszeichnung skizziert Rivius hingegen zwei Reihen a acht Säulen und lässt stattdessen in der Außenfassade an einer Langseite zwei Pilaster weg. Rode begründet ähnlich wie Rivius das Fehlen der zwei mittleren Säulen, „damit sie nicht den Anblick der Vorhalle – pronaos – des Tempels Augusts verhindern möchten". In einer Fußnote ergänzt Rode, dass man aus der Tatsache, dass der Name *Augusti* gebraucht wird, die Basilika erst nach der Namensergänzung Octavians erfolgt sein kann. Reber benutzt exakt die gleiche Formulierung wie Rode, während Prestel den Namen *Augusti* ignoriert und nur von der „Vorhalle der Basilika" spricht. In seiner Grundrisszeichnung[89] ist Prestel der Einzige, der dieser Vorhalle Öffnungen nach außen zugesteht. Fensterbusch scheint an dieser Stelle verunsichert zu sein und zitiert lateinisch „pronaon aedis Augusti". In einer beigefügten Fußnote diskutiert er die Sekundärliteratur, die darüber streitet, ob mit *Augusti* tatsächlich die Person des Imperators gemeint ist oder ob es nicht einfach nur würdevoll bedeuten würde. Ein Augustustempel sei zu Lebzeiten Vitruvs in Italien ohnehin kaum denkbar. Man müsse sich hier eine apsidenartige Nische vorstellen. Damit wären alle früheren Übersetzungen, die sich auf Octavian beziehen inhaltlich falsch. Auch Ohr stimmt dieser Interpretation, wenn auch mit Vorbehalten, zu. Das Problem der Dedikation würde aber nicht die Morphologie des Baues beeinflussen, so dass diese Diskussion, wenn sie auch bis heute geführt wird, zweitrangig sei.[90] Weyrauch widerspricht hingegen dieser These und sieht in Augusti den Beinamen Octavians.[91]

Was hingegen alle Übersetzer schlucken, ist das verwirrende Lagespiel der Säulenreihen hinsichtlich des Forums und der mysteriösen Vorhalle. Im letzten Teilsatz wird dies noch einmal dargestellt. Fensterbusch schreibt, dass sich diese Vorhalle in der Mitte der Langseite befindet und auf „die Mitte des Forums und auf den Jupitertempel" gerichtet sei. Die anderen Übersetzer stimmen unisono ein. Nur Prestel ergänzt, dass sich das „Heiligtum des Jupiter" auf dem Forum direkt gegenüber befunden habe.

---

[89] Vgl. Prestel 1987, Tafel 39.
[90] Vgl. Ohr 1975, S. 117.
[91] Vgl. Weyrauch 1976, S. 28.

Rekapitulieren wir noch einmal die literarisch beschriebenen Positionen der einzelnen Bauteile. An der Langseite, die an das Forum grenzt, haben wir acht Säulen. Auf der gegenüber liegenden Seite sind es nur sechs, da sich hier eine auf das Forum gerichtete Vorhalle oder ein tempelähnlicher Anbau anschließt, dessen Ansicht durch die mittleren Säulen nicht verdeckt werden soll.

Keiner der Übersetzer diskutiert die eigentlich nahe liegende Möglichkeit, dass, wenn ein Anbau auf das Forum gerichtet ist, dieser auch an der Langseite, die an das Forum grenzt, angebaut sein müsste. Der Chor mit dem Altar ist bei einer Kirche ja auch typischerweise nach Osten gerichtet, wenn er das östlichste Bauteil des Gebäudes ist und sich nicht auf der gegenüberliegenden Westseite befindet und nach Osten zeigt. Aber diese Interpretation würde die Variation in der Säulenzahl ad absurdum führen. Warum sollten Säulen in der zweiten Reihe ausgespart werden? Andererseits, wenn die Lage der Vorhalle auf der forum-abgewandten Seite korrekt wäre, warum sprechen die Übersetzer dann von einer Ausrichtung auf das Forum und einem möglichst frei zu haltenden Anblick bzw. Ausblick vom oder nach dem Forum? Müssten dann nicht beide Säulenreihen nur sechs Säulen aufweisen? Auf keiner der Rekonstruktionszeichnungen wird hingegen versucht, die Fano-Basilika an ein Forum anzubinden, damit man mehr Klarheit über die Situation rund um die Vorhalle erlangen könnte.

Damit sind wir an einer der faszinierendsten Stellen der Ekphrase angekommen. Die inhaltliche Logik der Sprache aller untersuchten Übersetzer ergibt architektonisch keinen Sinn oder erzeugt zumindest Irritationen.

Als Ursache lassen sich nur zwei Szenarien vorstellen, durch welche die überlieferte lateinische Grundlage derart entstellt werden konnte. Entweder ist durch die Vielzahl der Abschriften der Satzbau durcheinander geraten, sodass sich die Zuordnung, welche Langseite acht und welche sechs Säulen hat, verschoben hat. Oder Vitruv selbst hat sich zu vage ausgedrückt, um den reinen Text ohne Zeichnung und zusätzlichen Bemerkungen wieder in eine in sich logische Architektur übersetzen zu können.

Verwunderlich ist nur, dass die Übersetzer die etwas umständliche inhaltliche Interpretation, Vitruv habe die Vorhalle irgendwie durch das Gebäude auf das Forum ausgerichtet und, warum auch immer, nur an der nächst gelegenen Säulenreihe die mittleren beiden ausgespart, kommentarlos bevorzugen.

3.3 Abschnitt 8

> "8. Item tribunal, quod est in ea aede, hemicycli schematis minoris curvature formatum; eius autem hemicycli in fronte est intervallum pedes xlvi, introrsus curvature pedes xv, uti, qui apud magistratus starent, negotiantes in basilica ne inpedirent. Supra columnas ex tribus tignis bipedalibus conpactis trabes sunt circa conlocatae, eaeque ab tertiis columnis, quae sunt in interior parte, revertuntur ad antas, quae apronao procurrunt, dextraque et sinistra hemicyclium tangent."

Im achten Abschnitt wird die Innenarchitektur der so genannten Vorhalle und das darin befindliche Tribunal beschrieben.

Im ersten Satzteil wird gesagt, dass sich in dieser Vorhalle ein Tribunal befindet (*Item tribunal, quod est in ea aede*). Hier zeigt sich wieder das gewohnte Bild. Obwohl alle das Gleiche sagen wollen, fällt die Formulierung bei den einzelnen Übersetzern äußerst unterschiedlich aus.

Fensterbusch ist wieder kurz und sachlich. Er schreibt, dass sich das „Tribunal" in „diesem Bau" – womit das von ihm nicht übersetzte „pronaon aedis Augusti" gemeint ist – befinde. In einer Fußnote definiert er dann kurz, was ein Tribunal sei. Prestel, der zuvor von einer Vorhalle sprach, bezeichnet diese jetzt als „nach dem Tempel hin gerichteten Stelle" und erklärt in seiner typischen Ausführlichkeit, dass sich hier „der erhöhte Sitz für Handelsrichter, Tribunal" befinde. In einer Fußnote führt er aus, welche Form und Funktion ein derartiger Richterstuhl hatte. Reber formuliert ähnlich wie Prestel indem er das Wort Tribunal durch die Klammerbemerkung „die Erhöhung für den Richterstuhl" erläutert. Statt „Vorhalle des Augustustempels" schreibt Reber hier nur noch „Tempel". Rode ist, wie Fensterbusch, kurz und knapp, er übersetzt: „Ingleichen ist das Tribunal in dem Tempel – ea aede". Rivius ist zwar ähnlich knapp, er verschiebt das „Tribunal oder Körlein" aber in den „Pallast" – also direkt in die Basilika. Wenn man sich seine Rekonstruktionszeichnung anschaut, ist diese Formulierung folgerichtig, denn die Vorhalle schrumpft hier zu einer kleinen Nische ohne separate Raumabschnitte.

Variiert der einleitende Satz auf Grund differierender Bezeichnungen bei gleichbleibendem Inhalt, stellt der folgende Satz (*hemicycli schematis minoris curvature formatum*) durch seinen komplexen geometrischen Inhalt einen Anstoß zur Diskussionen über das ursprünglich Gemeinte dar. In diesem Satz will Vitruv die grundlegende Form des Tribunals beschreiben.

Rivius übersetzt: „halb Zirckelrond mit geringer krümme formiert". Ähnlich übersetzt Rode mit „in Gestalt eines Halbzirkels, nur etwas weniger gekrümmt". Beide Übersetzer lassen durch ihre Formulierung offen, ob mit der Reduktion der Krümmung ein etwas kleinerer Ausschnitt eines Halbkreisbogens oder ein etwas weniger gekrümmter Kreisbogenausschnitt, also vielmehr ein elliptischer Bogenausschnitt gemeint ist. Reber versucht diese Zweideutigkeit zu beseitigen, indem er formuliert: „ist nach der Krümmung eines Kreisbogens, der etwas geringer als ein Halbkreis ist, geformt". Hier haben wir es eindeutig mit dem Segment eines Kreisbogens zu tun. Überraschend an dieser Stelle ist Prestel durch eine bei ihm ungewohnte Kürze. Er übersetzt schlicht: „in Gestalt eines Kreisausschnittes". Genauer betrachtet, sagt diese kurze Version aber alles aus, was Rebers längere Formulierung auch aussagt. Im Gegensatz dazu fährt Fensterbusch schwere Geschütze auf und formuliert folgendes monströse Satzgefüge: „ist durch eine von Kreisbögen gebildete gebogene Fläche gebildet, die (vorn) die Figur eines kleineren Halbkreises hat".

Ohr bemerkt in seiner Abhandlung, dass diese Passage von Fensterbusch völlig sinnentstellend wiedergegeben wird.[92] Während er den älteren Übersetzungen zugesteht, dass sie den Sinn des Gesagten, nämlich einen etwas kleiner als ein Halbkreis großer Segmentbogen, richtig erfasst haben.[93]

Was hingegen alle Rekonstruktionszeichnungen gleich abbilden und worin sich offensichtlich alle Übersetzer (abgesehen von Rivius und seiner kleinen Nische) einig sind, ist zum einen, dass der Segmentbogen den Boden des Innenraums formt und nach innen, in die Vorhalle schwingt, und zum anderen, wie dieser Segmentbogen dreidimensional ausgeführt ist. Denn, das folgt aus den folgenden Sätzen, durch diese Segmentbogenstruktur soll eine Separation zwischen Rechtsprechung und Markthalle stattfinden. Unabhängig davon, welche architektonischen Lösungen der Originalsatz noch generieren könnte, ist die Eineindeutigkeit, mit der alle neueren Übersetzer die Passage interpretieren, doch verblüffend, denn das lateinische Original gibt diese Präzision nicht her.

Die Sprachlogik dieses Satzes ist mit einem mathematischen Gleichungssystem mit zu vielen Unbekannten vergleichbar. Es gibt mehrere Lösungen, die alle die logischen Anforderungen erfüllen.

---

[92] Vgl. Ohr 1975, S. 119.
[93] Ebenda, S. 119.

Im nächsten Satz wird eine Länge von 46 Fuß bestimmt (*eius autem hemicycli in fronte est intervallum pedes xlvi*). Je nach Übersetzung wurde dieses Maß unterschiedlichen Positionen innerhalb des Tribunal-Bogensegmentes zugesprochen.

Für Rivius sind die 46 „werckschuch" „zuvorderst ausserhalb" des halben „Zirckelkreiß". In seinem Kommentar und in seiner Rekonstruktionszeichnung macht Rivius deutlich, dass damit, seiner Meinung nach, die Entfernung der beiden Anschlusspunkte der Apsis an die Basilika gemeint sei. Ähnlich übersetzt Rode, der von dem „Zwischenraum zwischen den äußersten Enden des Halbzirkels" spricht – nur dass bei Rivius das Bogensegment den vertikalen Abschluss der Apsis bildet, während es bei Rode und alle anderen eher eine Fläche zu sein scheint.

Reber meint vermutlich das Gleiche wie die beiden Übersetzer vor ihm, er übersetzt jedoch etwas missverständlich mit „Abstand an der Stirnseite". Mit der hinzugefügten Klammerbemerkung „die Sehne" gibt er dieser mehrdeutigen Formulierung eine klare Richtung.

Prestel versteht diese Passage hingegen gänzlich anders. Für ihn sind die 46 Fuß das Maß des Radius` des Kreisbogens, der das tatsächlich vorhandene Bogensegment generiert. Der gedachte Kreismittelpunkt befindet sich demnach 46 Fuß entfernt vom Bogensegment innerhalb der Basilika.

Fensterbusch schließt sich der früheren Interpretation der Sehnenlänge an, die vorhergehende verwirrende Formulierung von verschiedenen Kreisbögen und gebogenen Flächen macht es jedoch schwer, die 46 Fuß einem bestimmten Halbkreis – denn es muss bei Fensterbusch mehrere geben – zuzuordnen.

Obwohl es nachweislich verschiedene Interpretationen der 46 Fuß-Länge gibt, wird die folgende Längenangabe von 15 Fuß bei allen Übersetzern gleich verortet (*introrsus curvature pedes xv*). Alle verstehen hierunter scheinbar den maximalen Abstand von der Sehne zum Bogensegment. Doch ganz so eindeutig, wie es auf den ersten Blick scheint, ist es nicht.

Für Rivius gilt das Maß „innerhalb" des halben „Zirckelkreiß". Man ist als Leser gewissermaßen gezwungen anzunehmen, dass hier der maximale Abstand gemeint ist. Rode ist ähnlich vage in seiner Übersetzung. Er spricht von Maß der „inneren Krümme". Reber hingegen versucht wie zuvor die Zweideutigkeit seiner Vorgänger zu beseitigen und übersetzt mit „Tiefe (der Radius) dieses Kreisbogenausschnittes".

Prestel, für den das erste Maß ja bereits der komplette Radius war, übersetzt hier elegant und präzise mit „Tiefe des Bogensegmentes bis zu den seitlichen Pilastern". Fensterbusch hingegen verwirrt mit seinen verschiedenen Kreisbögen. Für ihn ist das Maß die Tiefe zwischen „dem kleineren und größeren Kreisbogen". Fensterbusch ist der einzige, der mit mehreren Kreisbögen arbeitet, ohne jedoch zu erklären, warum er im Gegensatz zu allen anderen den Plural eingeführt hat.

Diese Passagen über die bogensegmentartige Form des Tribunal-Bereichs demonstrieren einen interessanten Effekt. Durch dutzende Rekonstruktionszeichnungen sehen wir es als selbstverständlich und korrekt an, den Kreisbogen in die Vorhalle schwingen und das größere Maß als den Abstand der beiden Schnittpunkte Segment/Basilika zu sehen. Aber diese klare Eindeutigkeit gibt die überlieferte Sprache Vitruvs, objektiv gesehen, zumindest im Fall der Schwungrichtung gar nicht her. Niemand diskutiert zum Beispiel ob dieses Bogensegment nicht Teil einer vertikalen Separation zwischen Tribunal und Basilika ist. Es zeigt sich hier, wie sehr Denotation und Konnotation von unserer Gewohnheit, Sprache auf eine bestimmte Art zu verstehen, abhängig sind, und wie sehr uns die Interpretationen anderer, sofern sie nicht gegen eine allgemeine Logik verstoßen, beeinflussen.

Die Passage über das Bogensegment endet mit einer funktionalen Begründung (*uti, qui apud magistratus starent, negotiantes in basilica ne inpedirent*). Es handelt sich um die bereits angesprochene Separation zwischen Rechtsprechung und Markt. Allerdings gibt es bei dieser im Grunde genommen simplen Passage wieder zwei gegenläufige Interpretationen der Übersetzer.

Rivius sagt, die Separation sei notwendig, damit die Leute vor dem „Magistrat" den Händlern nicht im Wege stehen. Rode hingegen begründet die Separation damit, dass diejenigen, „so bey den obrigkeitlichen Personen zu thun haben" nicht von den Handelsleuten gestört werden. Reber vertritt wieder die Meinung Rivius` – die Geschäftsleute in der Basilika sollen nicht behindert werden. So interpretieren es auch Prestel und Fensterbusch.

Architektonisch gesehen, ist es egal, wer vor wem geschützt werden soll. Aber es ist kulturhistorisch bezeichnend, dass gerade der Klassizist und Zeitgenosse der Französischen Revolution die Rechtsprechung als wichtiger erachtet als das Marktgeschehen in der Basilika.

Ebenfalls interessant ist, dass alle eine Hierarchisierung vorgenommen haben, obwohl das lateinische Original nur vorgibt, dass man sich durch diese Separation in seinen jeweiligen Angelegenheiten nicht behindert.

Darüber hinaus merkt keiner der Übersetzer den Widerspruch an, der zwischen dem Weglassen der Mittelsäulen und der funktionalen Separation besteht. Auf der einen Seite will Vitruv, dass das Tribunal möglichst majestätisch inszeniert wird und zumindest innerhalb der Basilika unverstellt betrachten werden kann; auf der anderen Seite muss er komplexe Bogensegmentstrukturen einführen, um diese Inszenierung aus funktionellen Gründen wieder einzuschränken. Hier gibt es bereits in der architektonischen Logik einen Widerspruch, der sich durch die Sprache überliefert hat.

Im folgenden Satzabschnitt führt Vitruv den Leser vom Tribunal wieder zurück in das Mittelschiff (*Supra columnas ex tribus tignis bipedalibus conpactis trabes sunt circa conlocatae*). Es wird die Holzbalkenkonstruktion auf den Kolossalsäulen beschrieben. Und dies scheint für die Übersetzer Schwerstarbeit gewesen zu sein.

Fensterbusch schreibt, dass auf den Säulen „aus drei Balken von 2 Fuß Stärke zusammengesetzte Balken" liegen würden. Die tautologisch anmutende Formulierung lässt an Fensterbuschs Kreisbögen denken. Es ist in der Tat verwirrend, hierbei zu bestimmen, ob die zusammengesetzte Balkenkonstruktion oder jeder einzelne Balken die Stärke von zwei Fuß aufweist.

Prestel in seiner Ambition alles präzise zu erklären, übersetzt anders, aber nicht verständlicher die Passage mit „Balken, aus drei je zwei Fuß hohen (gedoppelten) und fest zusammengefügten Zimmerstücken bestehend". Ohne die Klammerbemerkung ist die Aussage klar. Die Frage stellt sich jedoch, was mit „gedoppelten" zusätzlich gemeint sein kann? Etwas aus drei gleichen Teilen Bestehendes ist nicht gedoppelt, sondern eben verdreifacht. Worauf bezieht sich aber dann diese Dopplung? In einer Fußnote erklärt Prestel, dass es sich hierbei um „drei gedoppelte unter sich verklammerte Zimmerstücke" handelt. Doch was ist damit erklärt? Wenn man Prestels Rekonstruktionszeichnungen hinzuzieht, wird die Verwirrung noch größer. Auf Tafel 43 – einem Schnitt durch das Gebäude – lagern auf den Kolossalsäulen zwölf Balken mit einem Rechteckquerschnitt, zwei Reihen mit jeweils sechs Balken übereinander. Auf der Tafel 44 – einem Detailschnitt durch das Gebälk – werden nur noch drei Balken mit einem quadratischen Querschnitt dargestellt. Auf Grund architektonischer Logik kann der Leser bzw. Betrachter sich eine zweite Reihe mit drei Balken hinzudenken, damit das Gebälk überhaupt sinnvoll auf dem Kapitell aufliegt. Vermutlich entspricht diese zu ergänzende Darstellung der übersetzerischen Intention Prestels, dass drei Balken übereinander die Zusammensetzung ergeben, und dass diese Zusammensetzung horizontal doppelt montiert wird.

Reber übersetzt ähnlich wie Prestel mit „Balken, aus drei gedoppelten zweifüßigen Zimmerstücken bestehend". Rebers Rekonstruktionszeichnung verschafft ausreichend Klarheit, obwohl er sich die gestalterische Freiheit erlaubt, die drei übereinander liegenden Balken zwar gleich hoch, aber unterschiedlich breit zu machen, sodass innerhalb der Dopplung eine Art Zwischenraum entsteht, der entweder mit einem weiteren Balken gefüllt wird oder offen bleibt.

Bei Rode gibt es diese Dopplung nicht. Er übersetzt ähnlich wie Fensterbusch mit „Architraven aus drey zusammengefügten Zimmerstücken von zwey Fuß". Ebenso verfährt Rivius mit der Formulierung „Tramen von drey schuch dick balcken zusamen gesetzt". Auch Ohr zeichnet in seinen Rekonstruktionsschnitt keine sechs Balken, sondern drei horizontal nebeneinander liegende Balken mit quadratischem Querschnitt ein.[94] Eine Version, die sich deutlich von Prestel und Reber unterscheidet.

Aus statischen und ästhetischen Gründen ist es ohne Relevanz, ob diese Dopplung tatsächlich gemeint war oder ob die Balken ausreichend dick genug waren, sodass das gleiche Volumen auf den Säulen lagert. Es gibt an dieser Stelle aber wieder einen erneuten Einblick in das verwobene Zusammenspiel von Architektur und Sprache. Zweideutige Formulierungen und ein ungeschickter Satzbau haben Einfluss auf das Verständnis antiker Tektonik und den damit zusammenhängenden Rekonstruktionsversuchen.

Nach der Dimensionierung der Balkenkonstruktion wird im folgenden Satzteil der Verlauf dieser Balken von den Kolossalsäulen zur Vorhalle beschrieben (*eaeque ab tertiis columnis, quae sunt in interior parte, revertuntur ad antas*). Hier sind sich die Übersetzer inhaltlich einig. Auch in der Wortwahl gibt es nur geringe Variationen.

Fensterbusch übersetzt, dass diese Balken „von den dritten Säulen, die an der inneren Langseite stehen, auf die Eckpfeiler zurück[kröpfen]". Prestel gebraucht statt „kröpfen" die Formulierung „im rechten Winkel abbeugend", Reber übersetzt mit „wenden sich ... ab" und Rode mit „wenden sich ... hinüber". Rivius wählt die heute ungewohnte Formulierung „hinfür gesetzt werden".

Interessanter als diese minimalen Unterschiede in der Wortwahl ist das plötzliche Auftauchen der Eckpfeiler oder Anten. Es ist eine der wenigen, vagen Aussagen über einen Teil der Außenwand der Basilika, obwohl nichts darüber gesagt wird, wie die zweigeschossigen umlaufenden Säulengänge

---

[94] Vgl. Ohr 1975, S. 115.

an diesem Schnittpunkt ansetzen. Anmerkungen geben die Übersetzer an dieser Stelle keine. Prestel vermeidet die Situation geschickt in seinen Rekonstruktionszeichnungen; ebenso wie Reber, dessen Zeichnung an dieser Stelle den Eindruck eines Escher-Bildes vermittelt, bei welchem man nicht genau weiß, welches Teil vor- und welches zurückspringt bzw. wo etwas einen Schnitt durch das Gebäude darstellt und wann es eine Ansicht ist. Zum wiederholten Mal zeichnet sich eine vage und ungenaue Aussage Vitruvs durch besondere Einstimmigkeit bei gleichzeitiger logischer Lückenhaftigkeit durch fehlende Kommentare und Anmerkungen aus, während bei eindeutigen und offensichtlichen Formulierungen wie der Passage über das Tribunal mit erklärenden Erläuterungen nicht gegeizt wird. Die Sprache suggeriert hier eine Vollständigkeit, die erst in architektonischer Übersetzung ihre Lückenhaftigkeit offenbart.

Der achte Abschnitt endet mit einer kurzen Erläuterung, wo sich diese Eckpfeiler nun genau im Übergang zwischen Basilika und Tribunal befinden (*quae apronao procurrunt, dextraque et sinistra hemicyclium tangent*).

Bei Fensterbusch springen die Eckpfeiler vom „Pronaon" – also der Vorhalle – aus vor und berühren den „Halbkreis". Da Fensterbusch zuvor mit mehreren Halbkreisen operiert, ist unklar, welchen er an dieser Stelle meint. Außerdem scheint es einen logischen Widerspruch zu geben. In den Zeilen zuvor wurde erklärt, dass das Tribunal in der Vorhalle aus dem oder den Halbkreisen geformt sei. Nun befinden sich bei Fensterbusch die Eckpfeiler noch davor, berühren aber trotzdem den Halbkreis, der eigentlich dahinter liegen müsste.

Prestel identifiziert mit pronaos die „Seitenschiffe" der Basilika. Allerdings befinden sich seine Eckpfeiler rechts und links neben den „Stufen des Richtersitzes", die, wie seine Rekonstruktionszeichnungen nahelegen, Halbkreisform haben.

Reber übersetzt ähnlich wie Fensterbusch, woraus auch hier zu folgern ist, dass das Tribunal selbst gar nicht halbkreisförmig geformt sein kann. Rebers Rekonstruktionszeichnung zeigt dies auch.

Im Gegensatz dazu macht Rode geschickter weise aus der Passage keine Standortbestimmung der Eckwandpfeiler, sondern er bezieht sich immer noch auf die Balkenkonstruktion auf den Säulen, die über die Eckwandpfeiler hinaus bis an die Halbkreisform des Tribunals verlaufen würden. Damit folgt er Rivius, der zuvor im gleichen Sinn übersetzt hat, auch wenn dessen Halbkreis die Außenwand der Tribunal-Apsis bildet. Damit ist diese Version in Verbindung mit der Rekonstruktionszeichnung die in sich schlüssigste

Übersetzung, da ein Bauelement in seiner Lage vollständig beschrieben wurde. Bei den anderen Übersetzungen weiß man nämlich nicht, wie es nach den Eckpfeilern weitergeht. Ein Satz mit drei verschiedenen Interpretationen der Bedeutung.

3.4 Abschnitt 9

"9. Supra trabes contra capitula ex fulmentis dispositae pilae sunt conlocatae, altae pedes iii, latae quoqueversus quaternos. Supra eas ex duobus tignis bipedalibus trabes quercaneae circa sunt conlocatae. Quibus insuper transtra cum capreolis columnarum contra corpora et antas et parietes pronai conlocata sustinent unum culmen perpetuae basilicae, alterum a medio supra pronaum aedis."

Der neunte Abschnitt befasst sich mit der Dachkonstruktion des Mittelschiffes. Da der Leser ohnehin am Übergang von der Basilika zum Tribunal an die Decke schaut, braucht er seinen Blick nur kurz rückwärts zu wenden.

Im ersten Satz werden die Pfeiler, die über den Kolossalsäulen, auf den dreifachen, möglicherweise gedoppelten Balken stehen, beschrieben und dimensioniert (*Supra trabes contra capitula ex fulmentis dispositae pilae sunt conlocatae, altae pedes iii, latae quoqueversus quaternos*).

Auch hier gilt wieder, dass alle Übersetzer die Maßangaben der Pfeiler gleich übersetzen und zuordnen. Bei der Art und Weise der Pfeiler gibt es hingegen wieder einige Unterschiede.

Fensterbusch schreibt, dass über „den Kapitellen Pfeiler ... auf Unterlagen" angeordnet wären. Zwischen Pfeiler und Balkenkonstruktion gibt es bei ihm also noch eine Art Auflage, die alle anderen Übersetzer nicht erwähnen. Sowohl in Prestels als auch in Rebers Rekonstruktionszeichnungen werden diese hypothetischen Bauelemente nicht eingezeichnet.

Prestel macht aus dem kurzen Satz erneut ein gewaltiges Satzgefüge, in welchem er den deutschen Begriffen griechische Entsprechungen gegenüberstellt, die jedoch nicht Vitruvs Text entnommen sind. So wird aus der „Balkenlage" das „Epistyl" und aus dem von ihm postulierten Fries der „Zophorus". Außerdem erfährt der Text bei ihm, wie üblich, eine technisch-architektonische Erweiterung. Prestel ist der Einzige, der innerhalb der Übersetzung und in zusätzlichen Fußnoten erklärt, dass diese Pfeiler aus Stein bestehen würden und „aufgemauert" seien. Ohr stimmt dieser Interpretation mit einem Verweis auf die angegebenen Maße zu.[95] Des Weiteren schreibt Prestel, dass die Pfeiler innerhalb der Konstruktion eine Stützfunktion einnehmen und dass sie genau über der „Achse der jeweiligen Säulenkapitelle" liegen würden. Ein Detail, das für die anderen selbstverständlich war und nicht extra im Rahmen der Übersetzung noch erklärt werden musste.

Reber übersetzt hingegen ähnlich kurz wie Fensterbusch, lässt jedoch die Unterlage unerwähnt – dafür nimmt er die Stützfunktion der Pfeiler mit in den Text auf. Inhaltlich entsprechend übersetzt Rode. Interessanterweise gebrauchte er den Begriff „Architraven", während Prestel zusätzlich „Epistyl" benutzte und Reber und Fensterbusch bei „Balken" geblieben sind.

Rivius übersetzt – abgesehen von der Schreibweise – fast wortwörtlich wie Fensterbusch, verzichtet aber auch auf die ominösen Unterlagen.

Im nächsten Satz wird erneut eine Balkenkonstruktion beschrieben, die sich auf den eben angeführten kleinen Pfeilern befindet (*Supra eas ex duobus tignis bipedalibus trabes quercaneae circa sunt conlocatae.*). Jenseits der Bemaßung gibt es wieder deutliche Unterschiede im Grad der zusätzlichen Erklärungen bei den Übersetzern.

Fensterbusch führt an, dass diese Balken oder Unterzüge, wie er in einer Klammerbemerkung präzisiert, aus Eichenholz gefertigt seien. Er interpretiert an dieser Stelle das überlieferte Wort *euerganeae* mit einem Verweis auf einen Artikel in der „Philologischen Wochenschrift" in *quercaneae* um. Es handele sich hierbei um eine aus zwei Hölzern mit einer Stärke von jeweils zwei Fuß zusammengefügten Konstruktion.

Prestel benennt zunächst seine „Steinpfeiler" an dieser Stelle in „Ständer" um. Bei ihm ist das Material ein unbestimmtes Holz, dafür ist es „scharfkantig bearbeitet" – wie er das mysteriöse *euerganeae* übersetzt. Im Gegensatz zu Fensterbusch schreibt Prestel nur etwas über „zwei Fuß starke Zimmerstücken". Von einer Zusammensetzung aus zwei Hölzern ist nicht die Rede.

Reber ist an dieser Stelle kurz und sachlich. Er schreibt, dass „ringsum Balken gelegt" seien, die wie bei Fensterbusch aus „zwei Zimmerstücken je zwei Fuß stark" „wohl" (*euerganeae*) zusammengesetzt seien. Damit schließt sich Reber der Übersetzungsintention Rodes an. Dieser erklärt darüber hinaus, dass diese zusammengesetzte „wohleingebundene" Balkenkonstruktion bei Vitruv „trabes everganeae" heiße. Wohingegen Rivius wieder nur

---

[95] Vgl. Ohr 1975, S. 116 f.

von „zweischüchigen tramen" spricht, die die Griechen „Euerganeae genant" hätten.

Mit dem Wort *euerganeae* öffnet sich hier wieder ein Feld in konnotativen und denotativen Interpretationen. Während es Fensterbusch eliminiert, nimmt es bei den anderen Übersetzern verschiedene Gestalten an, auch wenn sich zumindest Rode, Reber und Prestel darin einig sind, dass es eine besonders gut gefertigte Zimmermannsarbeit beschreibt.

Im nächsten Satzteil wird die darüber liegende Dachkonstruktion und deren Verbindung zum Tribunal-Bereich beschrieben (*Quibus insuper transtra cum capreolis columnarum contra corpora et antas et parietes pronai*). Bei den großen Differenzen im Rahmen der Tribunalbeschreibung ist es nicht verwunderlich, dass es auch an dieser Stelle deutliche Unterschiede in der Interpretation des Urtextes gibt.

Fensterbusch schreibt im Widerspruch zum ersten Abschnitt, wo die Dachkonstruktion binderlos war, dass über der zweiten Balkenlage die „Dachbinder mit den Streben" lägen und zwar in „Richtung auf die Säulenschäfte, die Anten und die Wände des Pronaon". Mit dieser kurzen Formulierung setzt Fensterbusch voraus, dass die kleinen Stützpfeiler und die zweite Balkenlage auch im Tribunal ihre Fortsetzung finden, andernfalls wäre das Dach geometrisch nicht zu konstruieren. Die Rekonstruktionszeichnungen von Prestel und Reber scheinen dies zu bestätigen.

Im Text spricht Prestel – in diesem Falle von einer angenehmen und verständlichen Ausführlichkeit – von den „Querbalken nebst dem Strebewerk der Dachstruktur". Im Gegensatz zu Fensterbusch liegt diese Dachkonstruktion nicht nur auf den Kolossalsäulen und dem Tribunal, sondern auch auf den „Umfassungswänden des Langhauses" auf. Und jetzt sind wir wieder an einem äußerst irritierenden Punkt angelangt. Zuvor wurde mehr oder minder einstimmig übersetzt, dass die Dachkonstruktion der Empore – also der Verbindung zwischen Kolossalsäulen und Außenwand – niedriger als das Dach des Mittelschiffes sei. Wenn dies als gegeben anzusehen ist, kann die Dachkonstruktion auf dem Mittelschiff nicht zugleich über den Kolossalsäulen und an den Außenwänden des Langhauses aufliegen. Da aber offensichtlich das Tribunal in die höhere Deckenkonstruktion eingebunden ist und diese die Empore irgendwie schneiden müssen, schien es für Prestel wohl leichter, alles „unter ein Dach" zu formulieren – auch wenn es, nach der sprachlichen Logik der vorangegangenen Sätze architektonisch nicht möglich ist. In Tafel 40 und 41 seiner Rekonstruktionszeichnungen lässt Prestel auch nirgendwo das hohe Dach außerhalb der Kolossalsäulen aufliegen; was im Widerspruch zu seiner Übersetzung steht.

Reber übersetzt hingegen wie Fensterbusch, nur dass er statt Dachbinder das Wort „Querbalken" gebraucht. Inhaltlich übersetzt Rode genauso – er fühlt sich an dieser Stelle in seiner Wortwahl offensichtlich etwas unsicher, weshalb er jeden Begriff mit dem vitruvianischen Original verbindet („Spannrigel – transtra – mit Streben – capreoli" usw.). Diese Unsicherheit erschwert unnötigerweise das Verständnis beim Lesen, da durch den Wust an Bindestrichen und lateinischen Einschüben das deutsche Satzgefüge verloren geht. Auch Rivius übersetzt wie Rode, nur dass er gleich ganz die deutschen Entsprechungen weglässt und nur die lateinischen Termini gebraucht.

Im letzten Satz wird die Form des Hauptdaches der Basilika beschrieben (*conlocata sustinent unum culmen perpetuae basilicae, alterum a medio supra pronaum aedis*). Kernaussage ist, dass es sich hierbei um eine Art T-Form handelt, die das Mittelschiff und das Tribunal zusammenfasst. Hier wird der Leser in eine Vogelperspektive versetzt, welche es ihm ermöglicht, die Dachform in Gänze zu erfassen.

Fensterbusch schreibt etwas missverständlich, dass die zuvor beschriebene Unterkonstruktion „ein Dach der ganzen Basilika" trage und „ein zweites, das von der Mitte (des Hauptdaches) über das Pronaon verläuft". Er ist der Einzige, der dicht am Original bleibt und nicht explizit erwähnt, dass das so genannte Hauptdach in Längsrichtung ausgerichtet ist und sich demnach ein rechter Winkel zum zweiten Dach ergibt.

Prestel ist hier, wie üblich, von einer weit schweifenden Präzision. Er schreibt, dass die „Gesamtstruktur" durch „zwei Firstbalken" gegliedert sei. Der eine durchlaufe „die Längenachse der Basilika" und der andere erstrecke sich „von der Mitte des Dachscheitels in der Richtung nach der Tempelvorhalle".

Reber und Rode übersetzen hier scheinbar nahezu identisch. Beide sprechen wie Prestel von Firstbalken und erklären dann die Lage der beiden Balken. Während Reber das Hauptdach in „der Längenrichtung der Basilika" ausrichtet, schreibt Rode hier, dass der Firstbalken „der Länge nach über die ganze Basilika" hinüberreiche. Das kann, im Gegensatz zu den Ausführungen von Reber, Prestel und Fensterbusch, die jeweils nur eine Richtungsorientierung angeben, aus architektonischer Logik nicht stimmen, da das Emporendach als Teil der Basilika tiefer liegt und demnach der Firstbalken an den Kolossalsäulen enden müsste. Die Lage des zweiten Firstbalkens beschreiben Reber und Rode dann nahezu wortgleich. Dieser würde sich von der Mitte des ersten Firstbalkens in Richtung der „Tempelvorhalle" bzw. „Vorhalle des Tempels" erstrecken.

Rivius übersetzt kurz und sachlich. Der Firstbalken heißt bei ihm „forst oder unterzug". Der Balken für das Hauptdach erstreckt sich auch bei Rivius über den ganzen Bau, was angesichts seiner Rekonstruktionszeichnung auch logisch wäre; allerdings irritiert die Lage des zweiten Balkens, die Rivius wie die anderen mit „von der mitte uber das Pronaum des baws" übersetzt. Der quadratische Grundriss der Basilika mit der winzigen Tribunal-Apsis an einer Seite rechtfertigt in keiner Weise eine T-förmige Dachkonstruktion.

Im neunten Absatz werden besonders die logischen Verpflichtungen, die sich – sprachlich wie architektonisch – aus dem vorher Gesagten ergeben, deutlich. Je nachdem wie Tribunal, Empore und Dachunterkonstruktion zuvor übersetzt wurden, geraten die einzelnen Übersetzer nun in Konflikt mit den Aussagen bzw. mit der Interpretation des Textes. Sie sind gezwungen, entweder möglichst nah am Original zu übersetzen und damit logische Fehler einzukalkulieren oder vom Original erklärend und ergänzend abzuweichen auch auf die Gefahr hin, den Sinn des ursprünglichen Textes zu entstellen. Das hat zum Teil weitreichende Konsequenzen für die architektonische Logik des Bauwerks. Es ist die primäre Ursache für die differierenden Rekonstruktionsversuche der Fano-Basilika.

3.5 Abschnitt 10

> "10. Ita fastigiorum duplex + tectinata disposito extrinsecus tecti et interioris altae testudinis praestat speciem venustam. Item sublata epistyliorum ornamenta et pluteorum columnarumque superiorum distributio operosam detrahit molestiam sumptusque inminuit ex magna parte summam. Ipsae vero columnae in altitudine perpetua sub trabes testudinis perductae et magnificentiam inpensae et auctoritatem opera adaugere videntur."

Mit dem zehnten Abschnitt endet die Ekphrase. Vitruv lässt den Blick des Lesers von der Dachkonstruktion vom Gebälk an den Säulen entlang gleiten. Mit einem Lob auf die Ästhetik seiner Sparsamkeit versetzt uns Vitruv auf das Forum und lässt uns abschließend noch einmal das Bauwerk im Ganzen betrachten, ohne jedoch weitere Details zu erwähnen.

Der erste Satz (*Ita fastigiorum duplex + tectinata disposito extrinsecus tecti et interioris altae testudinis praestat speciem venustam*) bezieht sich noch einmal auf die Dachform und deren Untersicht. Der Auftakt für das Lob des Architekten beginnt.

Fensterbusch übersetzt mit „kreuzende, doppelte Giebelanlage", die „außen Dach" und innen „ein hohes Mittelschiff" wäre. Zusammen ergäbe es ein „anmutiges Bild". Die sprachlogische Irritation, dass etwas von außen und (!) innen ein Bild ergäbe, wenn beides gleichzeitig gar nicht erfasst werden kann, lässt Fensterbusch unkommentiert.

Prestel übersetzt hier wieder wortgewaltig, allerdings gelingt es ihm, der Aussage einen anderen Sinn zu verleihen. Er schreibt nämlich, dass die „zweifach sich kreuzende Giebelanlage" sowohl der „Außenerscheinung des Dachwerkes" als auch der „Innenansicht der hohen Deckenstruktur" ein „herrliches Ansehen" verleihen würde. Statt einer additiven Bedeutung wie bei Fensterbusch verwendet Prestel logisch richtig eine Sowohl-als-auch-Formulierung. Dafür irritiert die vorhergehende Formulierung, dass sich die Giebelanlage zweifach kreuzen würde. In seinen Rekonstruktionszeichnungen ist eindeutig ein T-förmiges Dach zu erkennen; bei einer zweifachen Kreuzung denkt man jedoch eher an eine kreuzförmige Dachform.

Reber verwendet wie Prestel die Sowohl-als-auch-Formulierung als auch die verständliche Bezeichnung „sich ... kreuzende doppelte Giebelanlage".

Dagegen ist Rodes Übersetzung faszinierend. Er geht davon aus, dass die Giebel auf zwei verschiedene Arten hergestellt wurden. Von innen betrachtet wären sie rund und von außen „dreyeckig" gewesen. In einer langen Fußnotenbemerkung diskutiert Rode seine Interpretation mit den Versionen der Übersetzer vor ihm. Er beginnt seine Anmerkung jedoch gleich mit dem Geständnis, dass er sich eine definitive Begriffsbestimmung an dieser Stelle nicht zutraue. Die Wirkung dieser heterogenen Giebel übersetzt Rode mit „anmuthiges Ansehen".

Rivius` Übersetzung ist nach heutigem Sprachverständnis nur schwer zu verstehen. Er spricht von einer „zwyfache disposition der Forsten des eussersten dachs unnd des innern gewelbs" und sagt, dass diese eine „vast schöne gestalt" gibt. Ohne die späteren Übersetzungen wäre unklar, was es mit den Firsten und der Vast-Schönheit, der so genannten Anmut, auf sich hat.

Im folgenden Satz wird auf die monetären und Arbeitsaufwandsvorteile durch die Weglassung verschiedener Elemente hingewiesen (*Item sublata epistyliorum ornamenta et pluteorum columnarumque superiorum distributio operosam detrahit molestiam sumptusque inminuit ex magna parte summam).*

Fensterbusch übersetzt die angedeuteten Einsparungen mit „Weglassung des Schmuckes eines Säulengebälks und der Anordnung der oberen Säulen mit ihrem Mauergürtel". Dies erspare eine „mühevolle, beschwerliche Arbeit" und vermindere „zu einem großen Teil die Summe der Baukosten".

Prestel übersetzt wortreich, aber mit gleicher Intention. Bei ihm heißt der Schmuck des Säulengebälks „Kranzgebälk", und er drückt sich mit „oberer Säulenstellung mit ihrem unteren Mauergürtel" etwas umständlich aus, aber es entspricht sinngemäß Fensterbuschs Version. Die zweite Satzhälfte ist sogar nahezu wortgleich, lediglich aus „Summe der Baukosten" bei Fensterbusch wird hier „Kosten der Bauschöpfung". Einzeln gelesen, beschreibt diese Version jedoch nicht sehr präzise, an welcher Stelle diese Einsparungen stattfinden.

Hier ist die Übersetzung Rebers scheinbar hilfreich. Er präzisiert nämlich in einer Klammerbemerkung, dass es sich bei der Weglassung des „Gebälks der Zwischenmauer" um dasjenige zwischen den beiden Säulenreihen handeln würde. Und doch, was ist damit gesagt? Aus dem brüstungsähnlichen Mauergürtel ist eine Zwischenmauer mit eigenem Gebälk geworden; auch die Verortung zwischen den Säulenreihen ist irritierend, legt es doch den Schluss nahe, Vitruv hätte eine Zwischendecke statt eines Ziergebälks zwischen zwei normal hohen Säulen weggelassen.

Rode ist hier mit wenigen Worten präziser. Er übersetzt mit „Hinweglassung des Kranzgesimses". Allerdings setzt er mit „und die Einrichtung der Brustlehne und der oberen Säulen" fort. Durch den Artikel „die" koppelt er die zweite Hälfte von „Hinweglassung" ab und es entsteht, entgegen allen anderen Übersetzungen, der Eindruck, es müssen irgendwo Säulen mit einer Brustlehne hinzugekommen sein, welches paradoxer Weise gleichzeitig Mühe und Kosten einsparen soll.

Rivius übersetzt ähnlich wie Rode. Auf der einen Seite führt er „die unterlassung der zierung der Epistilien" an und dann setzt er mit einem eigenständigen Satzteil fort: „und die ordenierung der obern Columnen sambt den zwischenwenden".

Dieser scheinbar einfache Satz lässt offensichtlich differierende Interpretationen zu. Interessant ist, dass es zu dieser Passage bei den Übersetzern keine Anmerkungen gibt. Es scheint, als wissen alle, was gemeint sei. Und doch lassen sich, betrachtet man sich die Sprache und Wortwahl genauer, deutliche Unterschiede in den Formulierungen entdecken.

Im letzten Satz der Ekphrase wird die Ästhetik der Kolossalsäulen beschrieben und die Gesamtwirkung des Bauwerks charakterisiert (*Ipsae vero columnae in altitudine perpetua sub trabes testudinis perductae et magnificentiam inpensae et auctoritatem opera adaugere videntur*).

Den ersten Satzteil, die Erwähnung der Kolossalsäulen, übersetzt Fensterbusch mit „in durchgehender Höhe bis unter das Dachgebälk durchgeführt", Prestel schreibt hingegen, dass die Säulen „bis zum Gebälkwerke des Mittelschiffes sich erheben". Reber formuliert ähnlich, dass die Säulen „in ununterbrochener Höhe bis unter das Balkenwerk des Mittelschiffes geführt" werden. Rode spricht von den „bis unter den Unterbalken des Gewölbes in einer Höhe hinaufgeführten Säulen" und Rivius nennt es die „grosse höhe bis von unterst zu dem obersten Testudines".

Ganz klar beschreiben alle das wesentliche Charakteristikum der Kolossalsäulen, nämlich dass sie über mehrere Geschosse – hier vom Boden bis unter das Dach – verlaufen. Doch jeder wählt eine andere Nuance durch seine persönliche Formulierung; mal sind die Säulen passiv durch das Gebäude geführt, mal erheben sie sich aktiv bis zum Gebälk; mal tun sie dies in durchgehender, mal in ununterbrochener, mal in großer Höhe und mal in einheitlicher Form.

In der zweiten Hälfte wird die Wirkung dieser kolossalen Säulen auf die Gesamterscheinung des Gebäudes beschrieben. Hier sagen auch alle das Gleiche, aber die so genannten Formulierungsnuancen sind deutlich größer.

Fensterbusch übersetzt sachlich und knapp, dass durch die Kolossalsäulen „die Großzügigkeit der aufgewendeten Kosten noch größer erscheinen" würden und sich dadurch „die Wirkung des Bauwerks" erhöhe.

Prestel braucht wieder ein paar Worte mehr; auch klingen die verwendeten Phrasen deutlich übertriebener. Bei ihm wird „der Kostenaufwand gewaltiger erscheinen" und der Basilika „ein architektonisch bedeutsameres Ansehen" verliehen werden. Während der Vitruv Fensterbuschs hier vielleicht seine Sparsamkeit und sein Streben nach Effizienz zu erkennen gibt, tritt er in Prestels Version fast ein wenig großspurig auf.

Reber entzieht sich der Formulierung des Mehr-Aussehens als es gekostet hat und übersetzt mit „dem Aufwande einen großartigen Anstrich geben, als auch die Bedeutsamkeit des Bauwerkes erhöhen." Es scheint Reber gar nicht um die Kosten zu gehen, vielmehr soll der Arbeitsaufwand nach mehr aussehen.

Ähnlich übersetzt Rode mit „über alles Verhältnis gegen den Aufwand prangen", welches – jetzt gebraucht Rode sehr zurückhaltende Formulierungen – „dem Gebäude eine gewisse Größe verleihen" würde.

Rivius hingegen ist jenseits alles Übertrumpfens. Er sagt, dass die Säulen „dem baw ein herlich ansehen" gäben und dem „gantzen werck ... authoritet und dapfferkeit" brächten.

Die Situation ist ähnlich wie im ersten Satzteil, alle sagen in etwa das Gleiche, nämlich dass die Wirkung der Kolossalsäulen auf die Wirkung des gesamten Gebäudes erheblichen Einfluss hat und dieses dadurch zu einem architektonisch schönen Gebäude wird. Doch mal wird diese Wirkung als bedeutsames Ansehen, mal als Bedeutsamkeit, dann wieder schlicht als gewisse Größe oder aber auch als herrliches Ansehen in Worte gefasst. Gerade Rodes Formulierung der Größe lässt ihn als einen durch die Lehren Winckelmanns beeinflussten Klassizisten identifizieren.

So unterschiedlich die Worte gewählt sind, die einzelnen Übersetzer sind nicht frei in ihrer Übersetzung, sondern immer – das wurde schon mehrmals deutlich – dem Einfluss ihrer Zeit unterworfen.

Der letzte Abschnitt hat wenig inhaltliche Differenzen zwischen den Übersetzern provoziert, allerdings sind formulierungsbedingte Nuancen zu entdecken, die den objektiven Inhalt aus unterschiedlichen Perspektiven zu beleuchten scheinen, wodurch die Person des ursprünglichen Autors unterschiedliche Neigungen und Charaktereigenschaften anzunehmen scheint.

4. „…wie die Regeln einer ausgestorbenen Sprache"

> *„Die Baukunst steigt wie ein alter Geist aus dem Grab hervor, sie heißt mich ihre Lehren, wie die Regeln einer ausgestorbenen Sprache studieren"*[96]

Im vorangegangenen Kapitel wurden die einzelnen Übersetzungen auf der syntaktischen und lexikalischen Ebene miteinander verglichen und hinsichtlich ihrer Verständlichkeit und translatorischen Nähe zum lateinischen Text analysiert und bewertet.

Nun gilt es, aus diesen Ergebnissen semiotische Rückschlüsse zu ziehen, wie die jeweilige Übersetzung von Architektur in Sprache durch eine andere Sprache funktioniert. Wo gibt es Passagen, die denotativ und sogar konnotativ interpretiert werden können und wie wurde dies gemacht? Welche Textstellen sind andererseits eine Darstellung des syntaktischen Codes der Fano-Basilika? Dabei ist nicht zu vergessen und bei genauerer Betrachtung zu berücksichtigen, dass keiner der Übersetzer sich nur mit dem lateinischen Original befasst hat. Allen, auch Rivius, standen Übersetzungen zur Verfügung.

Schließlich gilt es mittels der analysierten Übersetzungen einen Blick auf das lateinische Original und seinen Verfasser zu werfen.

4.1 Wer von wem? Was fehlt?

Es liegt auf der Hand, dass, je jünger die Übersetzung ist, desto mehr hat sich der deutsche Übersetzer auf die vorhandenen deutschen Übersetzungen konzentriert. Aus dieser Sicht nimmt daher Rivius eine Sonderstellung ein, da er sich im Wesentlichen auf die Ausgaben der Italiener Cesariano und Serlio beschränkt. Man hat Rivius deshalb des Plagiats bezichtigt, da er, besonders was die Zeichnungen und Kommentare angeht, sehr nah an der Version

---

[96] Goethe, Johann Wolfgang von: „Italienische Reise", in: *Werke*, Hamburger Ausgabe, Band 11, dtv, München 1998, S. 98.

Cesarianos publiziert. Das mag den Zeitgenossen unseriös erschienen sein, für unsere Untersuchung ist es ohne größeren Belang, da es mehr um die Wahl und Interpretation der Wörter geht. Es ist schließlich Rivius, der sich für eine bestimmte deutsche Entsprechung entscheiden muss, damit der Text zumindest aus seiner Sicht einen Sinn ergibt und von einem potentiellen Leser auch verstanden werden kann.

Rode, der in seinen Fußnoten immer wieder die Übersetzungen von Claude Perrault und William Newton heranzieht, hat sich intensiv mit Rivius befasst. Auch wenn sich in den zweieinhalb Jahrhunderten die deutsche Sprache enorm weiterentwickelt hat – deutlich mehr als in den zweihundert Jahren seit Rode – lassen sich gerade auf der syntaktischen Ebene, im Satzbau, große Parallelen entdecken. Hier ein anschauliches Beispiel – Zeilenumbruch nach Satzteil:

Rivius	Rode
Die uberigen spacien zwischen den Parastaten und Columne	Der übrige Raum zwischen den Unterbalken der Pilaster und Säulen
sind dem liecht und fenstern zu verordnet,	ist in den Zwischenweiten dem Lichte gelassen.
die Columne sind	Der Säulen sind
in der breyt Testudinis oder gewelbs,	in der Breite des Gewölbes,
mit beyden Eckcolumne zu der rechten un lincken seiten	die Ecksäulen zur Rechten und Linken mitgerechnet,
vier	je vier

Keiner der anderen Übersetzer ist syntaktisch so dicht an Rivius' Satzbau wie Rode. Es ist sein Verdienst, den Inhalt in ein bis heute klares und verständliches Deutsch übertragen zu haben. Bis zur Edition Fensterbusch galt Rodes Übersetzung nicht zu Unrecht als das zu zitierende Standardwerk.

An vielen Passagen der Ekphrase konnte festgestellt werden, dass inhaltlich Reber sehr dicht bei der Version Rodes geblieben ist. Auch lexikalisch bietet Reber keine großen Neuerungen. Was ihn und später auch Prestel von Rode unterschiedet, ist das Bedürfnis innerhalb der Übersetzung noch mehr erklären zu wollen. Dadurch verändert sich der Satzbau in Struktur und Länge. Die gleiche Passage mit gleichem Zeilenumbruch im Vergleich Rode und Reber:

Rode	Reber
Der übrige Raum zwischen den Unterbalken der Pilaster und Säulen ist in den Zwischenweiten dem Lichte gelassen.	Der noch übrige Raum zwischen der Balkenlage über den Pilastern und der über den Säulen ist für das durch die Säulenzwischenräume eindringende Licht offen gelassen.
Der Säulen sind in der Breite des Gewölbes, die Ecksäulen zur Rechten und Linken mitgerechnet, je vier	Was die Säulen betrifft, so sind deren an der rechten und linken Seite des Mittelschiffes mit Einschluß der Ecksäulen je viere

Gerade in der zweite Hälfte der Passage lässt sich der Inhalt nicht mehr mit einem Zeilenumbruch pro Satzteil vergleichen, da die Satzkomposition von Reber anders ist, ohne dass er durch diese Einschübe und Umstellungen mehr sagen würde als Rode. Im Gegenteil, die komplizierte Satzstellung in der erste Hälfte führt sogar zu Missverständnissen, weil durch den Hang zur Präzision eine waschechte Stilblüte entstanden ist (Das „der" nach Pilastern bezieht sich eigentlich auf Balkenlage, man kann es aber auch so lesen, dass es sich auf Raum bezieht, sodass auf einmal zwei Räume entstanden sind).

Prestel treibt diesen Hang zur Präzision und zum Erklären innerhalb des übersetzten Textes auf die Spitze. Er stellt gezwungenermaßen den Satzbau noch einmal um, fügt weitere Einschübe ein und gebraucht andere Wörter. Sowohl syntaktisch als auch lexikalisch entfernt sich Prestel von allen anderen Übersetzungen am weitesten von der gemeinsamen sprachlichen Mitte. Als Demonstration die gleiche Passage wieder im Vergleich mit Rode:

Rode	Prestel
Der übrige Raum zwischen den Unterbalken der Pilaster und Säulen	Der übrige Raum, welcher zwischen dem Gebälkabschluss mit Simskrönung, der oberen Pilasterstellung der Seitenschiffe und dem Epistylium der Mittelsäulen sich befindet,
ist in den Zwischenweiten dem Lichte gelassen.	ist innerhalb der Säulenabstände für das eindringende Licht (als Fenster) offen belassen.
Der Säulen sind in der Breite des Gewölbes, die Ecksäulen zur Rechten und Linken mitgerechnet, je vier	Was die Anzahl der Säulen des Mittelsaales anbelangt, so befinden sich an den Stirnfronten mit Einschluß der rechten und linken Ecksäulen je vier

Fensterbusch, der Rode in der Funktion der Standardübersetzung ablöst, wendet sich nicht von ungefähr wieder der Satzstruktur und Art und Weise der Wortwahl der Version Rodes zu. Was ihn von Rode unterscheidet, sind in erster Linie inhaltliche Korrekturen, Weglassung der lateinische Wörter im Text (abgesehen vom Tribunal) und eine leichte Modernisierung von Syntax und Lexik. Wieder die Passage im Vergleich mit Rode:

Rode	Fensterbusch
Der übrige Raum zwischen den Unterbalken der Pilaster und Säulen	Der Raum, der zwischen den Balken auf den Pilastern und denen auf den Säulen übrig bleibt,
ist in den Zwischenweiten dem Lichte gelassen.	ist für die Lichteinstrahlung durch die Säulenzwischenräume hindurch offen gelassen.
Der Säulen sind in der Breite des Gewölbes, die Ecksäulen zur Rechten und Linken mitgerechnet, je vier	An der Schmalseite des Mittelschiffes sind einschließlich der Ecksäulen rechts und links je 4 Säulen

Die Entwicklung von einer zunehmend verständlichen Sachlichkeit über zusätzlichen Erklärungen bis hin zu einer Rückkehr zur schlichten Sachlichkeit lässt sich auch durch einen Vergleich der Anzahl der verwendeten Zeichen darstellen.

Fensterbusch:	3349 Zeichen
Prestel:	4436 Zeichen
Reber:	3597 Zeichen
Rode:	3547 Zeichen
Rivius:	3162 Zeichen
Vitruv (Latein):	2508 Zeichen

Prestel hat fast fünfzig Prozent mehr Zeichen als Rivius und fast doppelt so viel wie das lateinische Original gebraucht, um den gleichen Text zu übersetzen. In Kapitel 3 ist klar geworden, dass Kürze um jeden Preis nicht zwangsweise die Verständlichkeit erhöht. Allerdings stellt sich bei erklärender Überlänge bereits die Frage, ob es sich, streng genommen, bei einem solchen Text überhaupt noch um eine Übersetzung handelt.

Ursache dieses Hanges zur zusätzlichen Erklärung, besonders bei Reber und Prestel – im Grund genommen jedoch bei allen, ist die offensichtliche Tatsache, dass der lateinische Text unvollständig in dem Sinne ist, dass sich allein anhand der Worte kein eineindeutiges Gebäude rekonstruieren lässt, da es zu viele interpretatorische Freiräume gibt. Für ihre jeweiligen gestalterischen Entscheidungen haben die Übersetzer wie die Autoren wissenschaftlicher Abhandlungen archäologische Befunde anderer römischer Basiliken zur Rate und als Beweis herangezogen. Das mag aus bauhistorischer Sicht legitim sein, es verfälscht jedoch die Wirkung und den Eindruck, welche direkt vom Text ausgehen. Aus semiotischer Sicht ist es daher unzulässig, andere Gebäude oder auch nur andere Texte und Zeichnungen als Beweis zu gebrauchen. Es geht allein darum, die Zeichen der Ekphrase in ihrer Übersetzung in eine andere Sprache zu interpretieren und nach den semiotischen Wurzeln im ursprünglichen Gebäude zu suchen. Was einerseits schwer ist, da dieses ursprüngliche Gebäude nicht mehr existiert und auch keine weiteren Quellen hierüber existieren, andererseits würde ein Vergleich mit ähnlichen, noch existierenden Gebäuden, keine Vereinfachung bedeuten. Denn es geht hier nicht um die Semiotik einer Bautypologie, eines allgemeinen architektonischen Codes, sondern um ein konkretes Gebäude – welches zwar auf einem architektonischen Code basiert, aber in seiner sprachlichen Übersetzung ist es eben kein Gebäude mehr, sondern Sprache. Und hier kann man sich nicht mehr auf typologische Allgemeinplätze zurückziehen. Hier geht es darum, wie Vitruv und nach ihm seine deutschen Übersetzer, den architektonischen Code einer Basilika am konkreten Beispiel in Sprache übersetzt haben. Allerdings, und das erschwert die Untersuchung, haben sich die deutschen Übersetzer eben doch anderer Bauwerke bedient, um die ihrer Meinung nach korrekten Begriffe und zusätzlichen Einschübe zu rechtfertigen.

Es stellen sich also die Fragen: Was fehlt grundsätzlich im lateinischen Text, um das Gebäude präzise zu beschreiben? Und, was haben die Übersetzer als gegeben übersetzt, ohne dass es der lateinische Urtext hergegeben hätte?

Die erste Frage kann nur allgemein beantwortet werden, denn, wenn man genau wüsste, was fehlt, würde es nicht fehlen. Lediglich auf die inhaltlichen Lücken im Text kann aufmerksam gemacht werden. Und da wären die komplette Außenhaut des Gebäudes samt Öffnungen und Dekor, die Erschließung der Empore, die Verbindung der Empore mit dem Übergang zum Tribunal, die Innenarchitektur, die Fußböden und die Anbindung an benachbarte Gebäude zu nennen.

So gesehen stellt sich die Frage, was wir überhaupt wissen. Allgemein gesagt, wären dies die grundsätzlichen Proportionen, die grundlegende Innenraumgestaltung, die Tektonik der Innenkonstruktion und des Daches, einen Teil der Belichtung des Innenraumes, teilweise die Materialität, die Anbindung des Tribunals an die Innenkonstruktion, die grundlegende Form des Tribunals und die Lage der Basilika zum Forum.

Diese Angaben sind zum Teil im Original zu allgemein oder zumindest verschieden interpretierbar, sodass die Übersetzer bereits an diesen neuralgischen Stellen den Text durch eine besondere Wortwahl präzisiert und darüber hinaus die fehlenden Angaben nach anderen archäologischen Baubefunden oder eigenem Ermessen ergänzt haben. Dies generiert zwangsweise ein anderes Gebäude als die Vorlage, die dem antiken Autor vor Augen gestanden haben wird.

4.2 Das Zeichen im Wechsel zwischen Sprache und Architektur

Definieren wir ein Gebäude als einen vollständigen Satz von geordneten Zeichen nach einem logisch-funktionalen Prinzip – dem architektonischen Code. Dieser Zeichensatz entfaltet seine kommunikative Wirkung simultan. Wird er in Sprache übersetzt, müssen möglichst genaue Entsprechungen aus dem sprachlichen Zeichensatz gewählt werden, um die simultane Wirkung in eine sukzessive Wirkung zu übersetzen, die derart folgerichtig ist, dass im Anschluss eine Rückübersetzung in einen architektonischen Code ein möglichst getreues und nicht nur ungefähres Abbild des Gebäudes ergibt.

Wie wir gesehen haben, sehen sich alle Übersetzer gezwungen, erklärende Einschübe und Präzisierungen in den Text einzuarbeiten, um eine Folgerichtigkeit der Sukzession zu gewährleisten, die ihnen im überlieferten Original und dessen architektonischen Code nicht garantiert gewesen zu sein scheint. Dieses persönliche Eingreifen in den Zeichensatzbau hat unausweichliche Konsequenzen auf die Gestalt des beschriebenen Gebäudes. Obwohl annähernd das Gleiche gesagt wird, wird de facto etwas anderes als Grundlage der Beschreibung gesetzt und damit werden auch die translatorischen Prinzipien, die Vitruv bei Abfassung seiner Ekphrase gebraucht hat, ungewollt modifiziert.

Wie ist das zu verstehen?

Bereits im ersten Abschnitt sind wir auf das Wort *testudo* gestoßen, dass von den Übersetzern mit Mittelschiff, mittleres Gewölbe, inner gewelb, mittleres mit horizontaler fester Decke abgeschlossenes Dachwerk oder sogar Terrasse übersetzt wird. Wie wir feststellen konnten, bedeutet *testudo* eigentlich Schildkröte, aber neben Dach/Decke auch Laute oder Lyra. Offensichtlich ist *testudo* ein Homonym, ein Wort mit mehreren Bedeutungen. Die Wölbung und Musterung des Schildkrötenpanzers lassen zwar Assoziationen zum Gewölbe, zur Kassettendecke oder zur Form des Lautenklangkörpers zu, im Grunde genommen handelt es sich aber um verschiedene Bedeutungen.

Wenn Vitruv in seiner Ekphrase das Wort *testudo* gebraucht, liegt es nahe, dass er weder von Schildkröten noch von Musikinstrumenten redet. Es stellt sich aber für die Übersetzer die Frage, ob er Gewölbe oder einfach Dach meint. Beide Übersetzungen sind zulässig.

Mit einem Verweis auf die noch vorhandene Bausubstanz anderer Basiliken haben die jüngeren Übersetzer darauf hingewiesen, dass ein Gewölbe zu der Zeit in einer Basilika praktisch nicht vorkommt. Prestel hat deshalb angenommen, dass einfach nur der obere Raumabschluss gemeint sein kann, der eben nicht gewölbt ist, während Reber und Fensterbusch sich auf den neutralen Begriff Mittelschiff zurückgezogen haben. Diese Version klingt umso überzeugender, da Vitruv an dieser Stelle gar nicht die Deckenkonstruktion behandelt, sondern einfach den Raum innerhalb der Kolossalsäulen bezeichnet. Doch genau diese Übersetzung – Mittelschiff – trifft auf *testudo* nicht zu, sie muss vielmehr interpoliert werden. Das Problem wird offenbar.

Vitruv hat ein eindeutiges architektonisches Element oder Zeichen vor Augen und übersetzt dies in ein adäquates sprachliches Zeichen, ohne dabei zu berücksichtigen, dass durch die Homonymität des gebrauchten Begriffes die eindeutige Zuordnung zum architektonischen Äquivalent nur noch gelingen kann, wenn dem Leser das Gebäude ebenfalls vor Augen steht, da dadurch alle anderen möglichen Bedeutungen eliminiert werden. Diese Option steht den Übersetzern nicht zur Verfügung. Auch der Satz, in dem das Wort eingefügt ist, engt die Wahl der möglichen Übersetzungen nicht weiter ein. Der Vergleich mit archäologischen Befunden ist hier – wir haben es bereits ausgeführt – aber nicht zulässig, da Vitruv nicht die Basilika in Pompeji beschreibt, sondern den Bau in Fano, auch wenn beide Gebäude auf einen architektonischen Code zurückgreifen. Schließlich wird von Vitruv nicht die Idee eines Gebäudes beschrieben, sondern ein konkretes Objekt und das muss oder sollte sich in den gebrauchten sprachlichen Zeichen widerspiegeln. Um ihre jeweilige Entscheidung zu begründen, tun die Übersetzer aber genau dies – sie führen die konkrete Baubeschreibung auf eine allgemeine Idee, einen Typus zurück, in der Meinung, dadurch präziser zu werden, obwohl sie eigentlich allgemeiner werden und sich dem Ansinnen Vitruvs entfernen.

Hieraus ergibt sich eine merkwürdige Schlussfolgerung. Egal welches Wort die Übersetzer für *testudo* einsetzen, sie werden sich immer von dem, was Vitruv eigentlich meinte, entfernen. Diese Schlussfolgerung scheint umso merkwürdiger, da auf den ersten Blick keine inhaltlichen Lücken im Satz zu entdecken sind. Trotzdem ist es logisch unmöglich, diesen Satz auf ein bestimmtes Gebäude zurückzuführen. Jede Festlegung – auch wenn es zufällig die richtige wäre – ist hier im Grunde genommen Willkür des Übersetzers.

Die Unschärfe durch die Homonymität der Begriffe bzw. sprachlichen Zeichen vergrößert sich mittels der durch die von den Übersetzern interpretierten denotativen und konnotativen Funktionen. Ein Effekt, der offensichtlich unwillkürlich auftritt und dessen Vorhandensein gründlich bedacht sein will, wenn Architektur in Sprache übersetzt wird.

4.3 Denotationen und Konnotationen

Auf den Überlegungen Ecos basierend, haben wir festgelegt, dass Architektur denotative und konnotative Funktionen kommuniziert, weshalb man auch Bauwerke semiotisch betrachten und untersuchen kann. Wird ein Gebäude, verstanden als vielfältig funktionale zeichenhafte Botschaft, in Worte übersetzt, müssen sich diese Denotationen und Konnotationen, wie sie der Autor und nicht etwa im Nachhinein der Übersetzer verstanden hat, wiederfinden. Wir stehen jedoch vor dem gleichen Problem wie auf der Zeichenebene, Vitruvs Intentionen von den Interpretationen der Übersetzer durch Hinzuziehung von Fakten, die jenseits der Ekphrase liegen, zu unterscheiden und kritisch zu hinterfragen. Aus dieser Perspektive kann es bei einer Übersetzung schließlich nicht darum gehen, vage oder durch die Jahrhunderte verschwommene Aussagen so zu interpretieren und zu ergänzen, dass sie dem archäologischen Stand der Forschung entsprechen – auch wenn dadurch eine fiktive Anschaulichkeit erreicht wird, sondern der Text muss bestenfalls parallel, im Grunde jedoch separat betrachten werden. Die Worte Vitruvs als sukzessiv geordnete Stellvertreter eines simultan wirkenden Bauwerks müssen für sich allein stehen. Das hat natürlich zur Konsequenz, dass inhaltlich lückenhafte Texte, wie unser Beispieltext, auf ewig lückenhaft bleiben, und dass wenig Klarheit über die konkreten Gebäude erlangt werden kann. Aber ist es denn, streng genommen, noch Vitruvs Text über seine Basilika, wenn man der Übersetzung hinzufügt, dass auf Grund noch existierender ähnlicher Bauten die Decke kassettiert gewesen sein müsste, auch wenn nichts davon im überlieferten Ursprungstext steht? Ist es dann nicht vielmehr ein Kommunikations-Konglomerat aus Urtext und eigenen Ergänzungen? Damit wird nicht bestritten, dass derartige Ergänzungen nicht tatsächlich zutreffend sein und gegebenenfalls das Verständnis des Textes erhöhen können. Es muss nur klar sein, dass sie nicht Teil der übersetzerischen Verhandlung sind.

Wir haben festgehalten, dass sich denotative Funktionen eines Gebäudes aus dem direkten Gebrauch (Funktionalität) bzw. der direkten sinnlichen Wirkung (Ästhetik) ableiten lassen, während konnotative Funktionen über diese Tatsächlichkeiten hinaus erkannt werden müssen und in Abhängigkeit von der jeweiligen kulturellen Zeit und den Kenntnissen des individuellen Betrachters variieren können.

Denotationen lassen sich leicht in der Ekphrase finden. Vitruv berichtet, dass innerhalb des Gebäudes Markttreiben herrscht und im anliegenden Tribunal juristische Streitfragen geklärt werden, architektonisch möglichst so entworfen, dass beide Funktionen sich gegenseitig nicht stören. Interessanterweise formuliert Vitruv diese Passagen so nüchtern, dass man als Leser glaubt, in einem leeren Gebäude zu stehen und nur erklärt zu bekommen, wie man es nutzen könnte. Es wird keine Atmosphäre beschrieben; es ist, als stünden wir vielmehr auf einer Baustelle. Im letzten Absatz beschreibt Vitruv die ästhetische Funktion seiner Kolossalsäulen – nämlich dass sie auf der einen Seite Kosten sparen und dabei gleichzeitig für außerordentlichen Prunk des Innenraumes sorgen würden. Auch die Dachkonstruktion wird in ihrer ästhetischen Wirkung hervorgehoben.

Das sind die Denotationen, die sich aus der Ekphrase zweifellos ableiten lassen und die die Übersetzer auch alle wiedergegeben haben. Dann gibt es aber noch eine Art denotativer Grauzone. Prestels Insistieren auf einer Kassettierung der Decken etwa vermittelt eine ästhetische Funktion, die im Original nicht enthalten ist, ihm aber auch nicht zu widersprechen scheint. Auch Fensterbuschs Umdeuten des Begriffs *euerganeae* in Eichenholz verursacht eine Veränderung der ästhetischen Wirkung eines Teilbereiches der Basilika, wenn man – so wie er es im Gegensatz zu Prestel tut – von einem offenen Dachstuhl ausgeht. Ähnliche ästhetische Veränderungen entstehen durch Rivius' Fenster statt einfach nur Öffnungen oder den verschiedenen Lagevariationen der drei Balken auf den Kolossalsäulen. Prestels Terrasse statt eines Daches der Empore verursacht sogar eine Veränderung der funktionalen Denotationen.

Wir haben schon im vorangegangenen Unterkapitel festgestellt, dass derartige Eingriffe und Ergänzungen im Text automatisch andere Bauwerke beschreiben als dasjenige, was Vitruv vor Augen stand. Die inhaltliche Unvollständigkeit der Ekphrase hat offensichtlich alle Übersetzer motiviert, in die Übersetzung weitere Denotationen einzuarbeiten, mit dem Wunsche, damit das originale Gebäude schärfer zu zeichnen, jedoch mit dem Ergebnis sich unumkehrbar von der Fano-Basilika entfernt zu haben. Ist es auf der lexikalischen Ebene noch die Homonymität der Begriffe, die den Übersetzer zu verschiedenen Lösungen verleitet und das Gebäude dadurch unscharf werden lässt, ist es auf der semiotischen Ebene, der Kommunikation der Funktionen, der Übersetzer selbst, der durch seine, nicht aus dem Text ableitbaren Ergänzungen seiner eigentlichen Intention – der präzisen Beschreibung – zuwiderläuft. Es stellt sich die psychologische Frage, warum die Übersetzer diese Ergänzungen nicht konsequent in die Fußnoten und Kommentare gepackt, sondern sie stattdessen dem antiken Autor direkt in den Mund gelegt haben? Genau dieses Vorgehen löst die unendlichen wissenschaftlichen Debatten und Streitgespräche aus, während die eigentlichen logischen Fragezeichen, wie etwa der funktionale und ästhetische Sinn der Säulenreduktion vor dem Tribunal, durch eine problemlose lineare Übersetzbarkeit der Passage keinen Widerspruch erregen.

Neben dieser denotativen Grauzone gibt es noch weiterführende Überlegungen innerhalb der Forschungsliteratur, etwa ob die Fassade zum Forum nicht sogar offen gewesen ist,[97] die noch ganz andere ästhetische wie funktionale Denotationen suggerieren, die aber nicht der Ekphrase zugeordnet werden können, sondern aus anderen Textpassagen und archäologischen Funden abgeleitet sind. Diese sind nicht mehr Thema der Untersuchung.

Da wir das Gebäude nicht selbst sehen können, sondern stattdessen nur die Übersetzungen eines sprachlichen Abbildes untersuchen, ist das Erkennen konnotativer Funktionen noch deutlicher schwerer als die Kommunikation der Denotationen.

Besonders interessant sind hier Textpassagen aus dem ersten und letzten Absatz, in welchen Vitruv die ästhetische Wirkung seiner Basilika bzw. einzelner Elemente beschreibt. Die Wirkung selbst ist denotativ, das haben wir bereits festgestellt, aber die Art, wie diese Wirkung formuliert wird, kommuniziert unterschwellig auch konnotativ.

Die Gesamtwirkung seiner Basilika beschreibt Vitruv in seiner Einleitung mit *dignitatem et venustatem*. Wir haben an entsprechender Stelle bereits die Variationen in den deutschen Übersetzungen dieser Begriffe untersucht und mit der jeweiligen Zeit des Übersetzers in Beziehung gesetzt. Es liegt auf der Hand, dass jede Übersetzung eine eigene Konnotation evoziert, die der Intention Vitruvs bestenfalls nahekommen kann, die uns jedoch etwas darüber verrät, welche Konnotationen die Übersetzer Vitruv unterstellen.

Warum haben Prestel und Reber *venustatem* mit Schönheit übersetzt und Fensterbusch und Rode mit Anmut? Was unterscheidet Schönheit von Anmut? Beides sind Begriffe die eine positive ästhetische Wirkung beschreiben.

---

[97] Vgl. Wiegartz 1984, S. 206 ff.

Doch scheint Schönheit mehr eine gewisse Perfektion oder Makellosigkeit zu suggerieren, während Anmut eher eine Art Eleganz vermittelt, die nicht zwangsweise mit Perfektion einhergehen muss. Die Anmut scheint damit in der Hierarchie der ästhetischen Wirkungen unter der Schönheit zu stehen; eine „Vast-Schönheit" wie Rivius schreibt. Das hat Konsequenzen auf die Art und Weise wie die Basilika als Bautyp im Vergleich zu anderen Bautypen gesehen werden kann. Sage ich Anmut, ist die Basilika für mich ein Bautyp, der auf Grund seines architektonischen Codes von vorn herein nicht zur Schönheit berufen ist. Es ist bestenfalls ein Vergleich mit anderen Gebäuden des gleichen Bautyps vorstellbar und hier zeichnen sich gelungene Bauten durch eine besondere Eleganz im Vergleich zu anderen aus. Sage ich hingegen Schönheit, weist das Gebäude eine Makellosigkeit auf, die jenseits des architektonischen Codes liegt. Es ist schön, unabhängig davon wie ich es nutze. Es ist anmutig, obwohl ich es auf bestimmte Art nutze. Das ist der Unterschied.

Dieser Unterschied fällt auch auf Vitruv, und wie er seine Basilika gesehen hat, zurück.

Interessanterweise haben Rode und Fensterbusch auch im letzten Abschnitt der Ekphrase die Wirkung des Daches mit anmutig übersetzt, während Reber und Rivius den Begriff schön verwenden und Prestel das Wort herrlich gebraucht. Auch hier lassen sich ähnliche Rückschlüsse auf die Konnotationen der Übersetzer, die sie unbewusst Vitruv hinzurechnen, ziehen.

Die Lobpreisung der Kolossalsäulen im Anschluss kann als symbolische Geste der Verehrung des Imperators interpretiert werden, die an anderen Stellen des Traktats direkt auftritt. Aus dem römischen Senat – der stockwerksweisen Schichtung der Säulen – ist eine dominierende Figur – die alle Stockwerke überragende Kolossalsäule – geworden. Diese ästhetische Konnotation, die direkt dem Text entnommen werden kann, findet sich in allen Übersetzungen wieder. Rivius` Übersetzung mit authoritet und dapfferkeit kommt dieser Interpretation sogar überraschend nah. Die Konnotation wird hier durch die Wahl der Worte im Vergleich zum Original also noch verstärkt.

Anders sieht es hingegen bei den Konnotationen der Funktionalität aus. Vitruvs Beschreibung der denotativen Funktionen ist so nüchtern, dass sich schwer konnotative Schichten ablösen lassen. Es geht aus dem Text nicht hervor, welche räumlichen Distanzen zwischen dem Richterstuhl und dem Bereich für die Streitenden existieren, woraus Konnotationen entwickelt werden könnten. Auch fehlen Aussagen über die Qualität des großen Innenraumes, um konnotative Aussagen über die Art des Marktgeschehens formulieren zu können. Je nachdem ob die Fassade offen oder geschlossen ist, kann es hell oder dunkel, nass oder trocken, verhallt, staubig oder muffig gewesen sein. Wie müssen wir an dieser Stelle Vitruvs Betonen der Kostenersparnis bewerten? Müssen wir uns das gesamte Bauwerk als einen Sparbau vorstellen, der jedoch gleichzeitig die ästhetische Vollendung des Bautyps Basilika darstellt?

An dieser Stelle 'den Faden weiterspinnen' würde bedeuten, eigene Konnotationen zu entwickeln, mit denen man frei vom Text und seinem ursprünglichen Autor an einem Gebäude, das nicht die Fano-Basilika ist, weiterbaut.

Es wird deutlich, dass Konnotationen eines Gebäudes aus einem beschreibenden Text herauszulesen, schwer und in jedem Fall unpräzise ist, da oft das kleine Detail fehlt, das ausschlaggebend ist. Ob die Konnotationen, die die Übersetzer durch die Wahl der Worte Vitruv in den Mund gelegt haben, als solche auch gemeint sind, ist mindestens genau so schwer zu definieren, da die Festlegung auf unseren Interpretationen ruht, die nicht zwangsweise die Ideen der Übersetzer widerspiegeln müssen, da auch Worte sich in ihrer Bedeutung im Laufe der Jahrhunderte verändern.

4.4 Schlechter Schreiber oder Blender?

Die Sekundärliteratur hat stets versucht, den textlichen Unklarheiten mit architektonischen Erklärungen und Lösungen zu Hilfe zu kommen. Fehlten etwa Bemerkungen über die Außenwände, wurde angenommen, dass Vitruv sie nicht für wichtig oder als allgemein bekannt vorausgesetzt hat.

Dabei sollte die hier angebrachte Frage der Forschung vielmehr lauten: Kann es sich bei solchen Auslassungen in der Beschreibung tatsächlich um den entwerfenden und ausführenden Architekten als Autor handeln?

Diese Frage zu stellen, schließt die Antwort mit ein, dass Vitruv gar nicht der Architekt der Fano-Basilika sein könnte.

Die von Julius Caesar okkupierte und von Augustus kolonisierte und befestigte Stadt Fanum Fortunae wird sowohl von Tacitus[98] als auch von Plinius dem Älteren[99] erwähnt. Die Bautätigkeit unter Augustus würde zumindest die Möglichkeit eröffnen, dass Vitruv – oder aber jemand anderes – eine neue Basilika gebaut haben könnte. Bedenken wir aber, welchen Status Vitruv hat. Er war nach eigenen Angaben Militäringenieur unter Caesar und später Wasserbauingenieur unter Augustus. Was konnte ihn qualifiziert und ausgezeichnet haben, ausgerechnet ein so repräsentatives Gebäude wie eine Basilika bauen zu dürfen? Vitruv ist egozentrisch genug, dass, wenn er noch mehr gebaut hätte, diese Bauwerke in seinem Traktat Erwähnung gefunden haben würden. Es findet sich aber nichts. Mit anderen Worten: Der inzwischen in die Jahre gekommene frühere Ingenieur hat keine Referenzen vorzuweisen. Würde man so jemandem die Alleinverantwortung für den Entwurf und die Ausführung eines öffentlichen Großbauwerks übertragen?

Andererseits hat Vitruv für seine Zeitgenossen geschrieben. Sich einfach als Urheber eines fremden Bauwerkes zu bezeichnen, bei welchem jeder Fachkenner den Wahrheitsgehalt sofort nachprüfen kann, ist wohl ausgeschlossen. Also war Vitruv irgendwie in das Bauvorhaben Fano-Basilika involviert, aber er scheint, wenn man sich die Ekphrase unter diesem Aspekt genau durchliest, nicht der federführende Architekt gewesen zu sein. Es besteht der Verdacht, dass Vitruv auf Grund seiner Ingenieurkenntnisse vielleicht nur für die Dachkonstruktion, die er vergleichsweise detailliert beschreibt, zuständig war. Daher kann er das Gebäude nur in dem Zustand beschreiben, wie es zur Zeit seiner Arbeiten ausgesehen hat: allgemeine Angaben über die grundsätzlichen Formen und Proportionen, Beschreibung der tektonischen Elemente, die für die Konstruktion des Daches zuvor von Nöten waren – Kolossalsäulen, Tribunal, Emporengänge – und, sehr detailreich, die Elemente der Dachkonstruktion, die Vitruv dann selbst entworfen und ausführen lassen hat. Vitruv ist demnach der Zimmermann der Schildkröte!?

Machen wir die Gegenprobe. Sagen wir, Vitruv ist der alleinige Architekt der Basilika, der nebenbei auch ein Traktat über die Architektur schreibt. Wieso ist dann die Ekphrase seines einzigen Bauwerkes so unausgewogen – mal detailliert, mal nachlässig und in vielem lückenhaft?

---

[98] Vgl. Tacitus, Publius Cornelius: *Historien*, Wilhelm Goldmann Verlag, München 1960, Buch 3/ Kapitel 50, S. 218.
[99] Vgl. Plinius 1881, Buch 3/ Kapitel 19, S. 273.

Denkbar wäre, dass sich die Basilika zur Zeit der Abfassung des Kapitels noch im Bau befindet. Aber als entwerfender Architekt wäre Vitruv alle mal in der Lage gewesen, bereits das fertige Bauwerk vollständig zu beschreiben. Dann sind die inhaltlichen Lücken also tatsächlich derart bekannte Elemente, so dass sie keiner Erwähnung bedürfen? Wenn man sich die Präzision der Maßangaben und die penible Auflistung der einzelnen Dachelemente anschaut, fällt es zumindest schwer, sich vorzustellen, dass Vitruv so zentrale Elemente wie die Außenhaut und die innere Erschließung vollständig weglässt.

Dann wären vielleicht Vitruvs sprachliche Defizite anzuführen? Bei aller Kritik am Sprachstil, die in den Jahrhunderten seit der Renaissance durchaus berechtigt war und laut wurde, das Gesamtwerk ist in sich durchaus logisch aufgebaut und die Themen werden stringent abgearbeitet. Es ist schwer vorstellbar, dass Vitruv ein Gebäude, das er selbst entworfen hat, derart fern jeder Logik beschrieben haben würde, wie der Text heute auf uns gekommen ist.

Damit bleibt die letzte Option, nämlich, dass die Ekphrase im Laufe der Jahrhunderte des reinen Abschreibens sukzessive durch Unleserlichkeit und Unverständnis zuerst gekürzt und dann in späteren Jahrhunderten nach eigenem Ermessen rudimentär wieder ergänzt wird. Wichtige Passagen über die Fassade, die Innendekoration und Innenarchitektur im Allgemeinen wären so unwiederbringlich verloren gegangen; denn jeder Versuch einer Ergänzung – wir haben es bereits mehrfach erwähnt – erschafft ein neues Gebäude, das der ursprünglichen Fano-Basilika bestenfalls ähnelt.

Eine definitive Antwort kann hier also nicht gegeben werden. Aber es scheint durchaus lohnenswert, wenn in zukünftigen Forschungsarbeiten mit dem Thema der Urheberschaft Vitruvs kritischer umgegangen wird als es bisher der Fall war.

5. „Der Mensch besitzt die Fähigkeit Sprache zu bauen."[100]

Am Anfang der Untersuchung haben wir uns die Frage gestellt, ob es möglich sei, ein bestimmtes Gebäude derart in Sprache zu übersetzen, dass man dieses eine Gebäude nur anhand des Textes wieder rekonstruieren könnte. Am Ende der Untersuchung können wir zunächst einmal festhalten: Vitruv konnte es jedenfalls nicht.

Aber wir haben nicht nach der Möglichkeit im Einzelfall gefragt, sondern die allgemeinen Bedingungen der Möglichkeit einer derartigen Mehrfach-Translation gesucht. Diese Suche geschah mittels der Untersuchung eines konkreten Beispieltextes bzw. dessen Übersetzungen, welche die besondere Voraussetzung des isolierten Mediums mitbringt. Diese Isolation der Information bewahrte uns vor der nur allzu naheliegenden Vermengung von Originaltext, ergänzender zeitgenössischer Literatur und archäologischen Befunden.

Darüber hinaus ist Vitruv auf Grund seines Alters und der scheinbaren Überlebtheit seiner Rezensionen – auf den ersten Blick – neutrales Terrain was das Verhältnis von Architektur und Sprache in Hinblick auf die aktuelle Architekturentwicklung angeht. Aber das ist, wie abschließend zu zeigen sein wird, nicht ganz richtig. Das durch die gewonnenen Erkenntnisse entwickelte Verständnis, Architektur und Sprache zusammen zu sehen, lässt sich auch auf die Gegenwart anwenden.

5.1 Die Frage nach dem Zweck des Ganzen

In der Einleitung haben wir festgelegt, dass zwischen Architektur und Sprache eine kompatible Zeichenhaftigkeit besteht. Wir haben aber, auf Ecos Ausführungen aufbauend erkannt, dass die beiden Zeichensysteme nicht direkt gleichgesetzt werden können. Während Sprache beinah unendlich viele generative Möglichkeiten bietet, produziert reale Architektur bereits fertige

---

[100] Wittgenstein 2003, S. 29.

Schemata – andernfalls würde das Bauwerk in seiner Erscheinung und Funktion nicht verstanden werden.

Hieraus folgt, dass Zeichen verschieden komplex sein können und, dass eine Translation von Architektur in Sprache nicht nur die Problematik der Synonymität provoziert, wie es auch zwischen zwei verbalen Sprachen der Fall ist und deren Lösung von Eco als Verhandlung bezeichnet wird, sondern auch, vertikal, die verschiedenen Ebenen der Komplexität von Zeichen kreuzt. Ein Fakt, der sich besonders problematisch auf die Re-Konstruktion auswirkt.

Doch zunächst müssen wir die Zeichen in ihrer Funktion und Komplexität in der Sprache und in der Architektur betrachten. Über die Bedeutung des sprachlichen Zeichens gibt es zahlreiche Literatur. Hier sei wiederum eine Arbeit Umberto Ecos – die Konzentration auf einen so vielseitigen und dankbaren Autoren wahrt auch die relative Einheit unserer Theorie – empfohlen: *Zeichen. Einführung in einen Begriff und seine Geschichte.*[101]

Die einfachsten Zeichen einer verbalen Sprache sind die kleinsten bedeutungstragenden sprachlichen Einheiten – die Morpheme. Diese Morpheme können, je nach Intention und Absicht, lexikalisch (Lexeme) oder grammatikalisch (Grammeme) sein.

Unterhalb der Morpheme gibt es nur noch die Phoneme als kleinste bedeutungsunterscheidende sprachliche Einheiten, die jedoch selber keine Bedeutung haben. Und das, der Besitz einer Bedeutung, ist die Grenze, die Eco setzt, um die Minimaleinheit des Zeichens zu definieren.[102] Also beginnt die Zeichenhaftigkeit der verbalen Sprache mit den Morphemen. Diese setzen sich zu Wörtern zusammen; die Wörter zu größeren Sinneinheiten, diese wiederum zu ganzen Sätzen; und die Sätze schließlich zu einer Rede, oder, wenn sie graphisch fixiert wird, zu einem Text.[103] Die Kombination der einzelnen Teile funktioniert nach einem syntaktischen Code – der Grammatik. Damit ist die grundlegende Struktur einer verbalen Sprache dargelegt. Wer einen ausreichend vielseitigen Wortschatz hat und die Grammatik beherrscht, kann alles sagen und bezeichnen, was sich denken lässt.

---

[101] Vgl. Eco, Umberto: *Zeichen – Einführung in einen Begriff und seine Geschichte*, Suhrkamp Verlag, Frankfurt am Main 1977.
[102] Ebenda, S. 35.
[103] Siehe hierzu auch: Eco, Umberto: *Apokalyptiker und Integrierte – Zur kritischen Kritik der Massenkultur*, Fischer Taschenbuchverlag, Frankfurt am Main 1986, besonders Kapitel 3 „Die Struktur des schlechten Geschmacks", S. 59 ff.

Wie sieht es jedoch bei der Architektur aus? Hier müssen wir uns auf das verlassen, was wir während der Untersuchung herausgefunden haben. Architektur lässt sich nicht so einfach auf einen Grundbaustein wie im Falle der Sprache reduzieren. Da Architektur nicht abstrakt sondern objektgebunden ist, müsste man andernfalls auf subatomarer Ebene anfangen und dann auch noch das Problem der kleinsten Einheit der Funktionserfüllung und Raumgestaltung bewältigen. Dies in Sprache zu übersetzen würde bereits für die Beschreibung eines einzelnen Ziegelsteins, einen unendlich langen Text generieren.

Gibt es dann überhaupt eine architektonische Minimaleinheit des Zeichens, eine architektonische Monade, ein kleinstes Modul, das alle Aspekte berücksichtigt?

Halten wir noch einmal fest, dass als sprachliche Minimaleinheit, die kleinste Einheit bezeichnet wird, die für sich allein noch bzw. schon eine Bedeutung trägt.

Welche kleinste Einheit der Architektur mit einer eigenen Bedeutung ließe sich dem gegenüberstellen? Es liegt nahe, nach dieser semiotischen Monade im Bereich der Materialität und Konstruktion zu suchen. Ein Backstein etwa kommuniziert bereits durch seine kantige, regelmäßige Form, seine Festigkeit und seine Proportion die Solidität einer massiven Mauer, die aus vielen Backsteinen in analoger Regelmäßigkeit errichtet werden kann. Aber wie gehen wir dann mit Betonwänden um? Wenn wir uns dann stattdessen an Leon Battista Alberti halten und von Wand als einem Grundelement reden, haben wir eben das Problem, dass sich die Wand in bedeutungstragende Einzelteile – Materialität, Schichten, Öffnungen – zerlegen lässt. Keine Frage, eine Wand kann bereits ein komplexes Zeichen sein, aber wenn ich sie aus Beton gieße, ließe sie sich schwer noch einmal in bedeutungstragende Einzelelemente zerlegen. Also ist beispielsweise die Wand einmal ein komplexes Zeichen und ein andermal die semiotische Minimaleinheit. Es kommt demnach auf den architektonischen Code, die vorgefertigten Schemata an, um definieren zu können, aus welchen Minimaleinheiten ein bestimmtes Gebäude besteht. Der architektonische Code darf nicht mit dem syntaktischen Code der Architektur – der Tektonik – verwechselt werden. Dieser gilt für alle Gebäude und Typologien gleichermaßen.

Der Autor einer Baubeschreibung muss also, bevor er zu schreiben anfängt, sich über den der Allgemeinheit bekannten und verständlichen architektonischen Code seines zu beschreibenden Gebäudes im Klaren sein. Aus diesem Code ist abzuleiten, welche Daten in Sprache zu übersetzen sind und welche man weglassen kann. Bei einer Backsteinwand macht es Sinn, die Art des einzelnen Steins, der Fuge und den Verbund zu beschreiben, während eine detaillierte Beschreibung der Kies-Zement-Mischung einer Sichtbetonwand – abgesehen von exzentrischen Ausnahmen – überflüssig ist.

Im Grunde genommen, hat es Vitruv richtig begonnen. Zuerst beschreibt er den architektonischen Code im Allgemeinen anhand seiner Normalbasilika und setzt danach zu einer Beschreibung seines Bauwerks an, mit dem Verweis auf Gemeinsamkeiten und Unterschiede. Aber der Text ist aus verschiedenen Gründen viel zu ungenau. Wir kennen heute weder den vollständigen architektonischen Code einer antiken Basilika noch können wir der Ekphrase alle Besonderheiten und Eigenarten dieses speziellen Bauwerks entnehmen. Wir haben das zum einen auf Vitruvs Unkenntnis des fertigen Gebäudes zurückgeführt, müssen andererseits auch die Verfälschungen und Auslassungen, die im Laufe der Jahrhunderte den Text belastet haben, berücksichtigen.

Die eben erarbeitete logik-basierte, kompatible Zeichenhaftigkeit zwischen der objektiv in Morpheme zerlegbaren Sprache und der subjektiv, nach einem architektonischen Code, zerlegbaren Architektur hilft uns nicht nur historische Autoren zu kritisieren, sie bietet uns auch Einblicke in das aktuelle Architekturgeschehen. Denn es stellt sich die Frage, ob wir noch über allgemeingültige architektonische Codes verfügen, die es uns ermöglichen, moderne Architektur direkt sinnlich und indirekt intellektuell über Sprache kommunikativ als das wahrzunehmen, was sie ist bzw. sein sollte.

Die Fragestellung mutet zunächst etwas provokant oder vielleicht überzogen an. Können wir doch in der Regel Architektur von Nicht-Architektur unterscheiden. Aber gelingt es uns, lediglich auf Grund unserer Kenntnis architektonischer Codes, einem modernen Gebäude – ohne zusätzliche Informationen – seinen funktionalen Zweck abzulesen? Ist es nicht vielmehr so, dass gerade bei besonders exponierten Bauten, der zu Grunde liegende architektonische Code durch diverse nicht-architektonische Codes derart überlagert wird, dass wir die eigentlichen Denotationen und Konnotationen nicht mehr empfangen können? Und ein Gebäude, dass durch ein Zuviel an anderen Zeichen, nicht mehr verständlich architektonisch kommuniziert, unsere auf Gewohnheit und Gebrauch basierten architektonischen Codes ignoriert, kann auch nicht in einer Ekphrase beschrieben werden. Ohne klar erkennbare architektonische Codes kann auch nicht die jeweilige semiotische Minimaleinheit definiert werden. Unabhängig von den individuell unterschiedlich ausgeprägten Vermögen zur Abstraktion und zur räumlichen Vorstellung können wir nur sagen, was es nicht ist und was es jenseits der Architektur darstellen soll.

Diese Überlagerung durch andere Zeichen beschränkt sich heutzutage – tendenziell, nicht absolut – nicht auf oberflächlichen Zierrat wie zur Zeit des Historismus, sondern sie greift tief in die Gebäudestrukturen ein und dominiert zum Teil Materialität, Funktionalität und Ästhetik, was eigentlich Aufgabe der Architektur sein sollte. Fehlte Vitruv einst die Sprache, mangelt es heute an architektonischen Vokabeln.

Mit anderen Worten: Wir neigen dazu, Schildkröten statt Gewölbe zu bauen. Diese Neigung basiert auf dem allmählichen Verlust der architektonischen Codes durch ein Zuviel an nicht mehr klar definierbaren Alternativen. Die Zeichen werden unscharf – eine neue babylonische Sprachverwirrung droht.

A.1 Primärquellen

A.1.1 Rivius-Übersetzung (1548)

Weiter mögen solche pallast in schöner gestalt der massen geordnet werde, als wir de Pallast Julie erbawet habe mit fenster gestelle, welcher Pallast in volgender proportion und Symetri gesetzt ist, das inner gewelb zwischen den Columne ist 120 werckschuch lang un 60 werckschuch breit, der Schopff oder Porticus um das mitler gewelb zwischen der mauren und Columne, ist gewesen 20 werkschuch breit, aber die seulen habe in aller irer gantze höhe sampt den Capitelen 50 werkschuch gehalten und fünff werkschuch in der dicke, mit iren stockpfeilern so die schwibbogen tragen, der Parastraten 20 schuch hoch und anderthalb schuch breit, von welchem die balcken unterhalten werden, darauff der boden der vorschöpff gelegt wird, auff solche Parastraten werden andre schwibbögen pfeiler gesetzet 18 werckschuch hoch, unnd zwen werckschuch breit, un einen werckschuch dick, welche widerum die balcken tragen, sambt den Canterien und oberschopff der nidrigen dachung unterhalb de gewelb.

Die uberigen spacien zwischen den Parastaten und Columne sind dem liecht und fenstern zu verordnet, die Columne sind in der breyt Testudinis oder gewelbs, mit beyden Eckcolumne zu der rechten un lincken seiten vier, und nach der leng so dem Foro am nechste mit iren Eckseulen 8, von der andern seite 6, sambt den Eckseulen, dan die zwo mittleren Columnen sind nit gesetzet worden, damit solche nit verhinderten das ansehen des hauß Augustii, so in mittler seyten der wand dises Pallasts erbawe ist, gegen der mit Fori, und gegen dem Tempel Jouis gericht.

Es ist auch ein Tribunal oder Körlein in disem Pallast halb Zirckelrond mit geringer krümme formiert, solcher halber Zirckelkreiß ist zuvorderst ausserhalb im begriff sexundvierzig werckschuch, aber innerhalb auff fünffzehen schuch geordnet, damit die so vor dem Magistrat handleten, die hanthierung in iren gewerbs hendlen nit hindretten. Auff den Columnen sind herumb gelegt grosse Tramen von drey schuch dick balcken zusamen gesetzt, solche widerkeren von den dritten inneren Columnen zu den Anten so von Pronao hinfür gesetzet werden, und sich erstrecken zu beyder seyt der lincken unnd rechten, bis das sie solche außgeladene ronde erreichen.

auff solche balcken gerad oben den Capiteelen sind pfeyler gesetzt, drey schuch in der höhe, allenthalben in der breite vier schuch, auff die selbigen sind grosse balcken gelegt von zwey schüchigen tramen Euerganeae genant von Griechen, dar auff die Transtra mit den Capreolis gegen den Zophoren Anten unnd wand oder mauren des Pronai, ein forst oder unterzug unterhalten, wird nach der lenge des gantzen baws gezogen, Die ander forst gehet von der mitte uber das Pronaum des baws.

Also erhebt sich zwyfachedisposition der Forsten oder durchzug des eussersten dachs unnd des innern gewelbs, welches ein vast schöne gestalt gibt die unterlassung der zierung der Epistilien, und die ordenierung der obern Columnen sambt den zwischenwenden, ersparet ein treffliche mühe und nit wenig eins grossen unkosten. Aber die grosse höhe bis von unterst zu dem obersten Testudines oder übergewelbs, gibt dem baw ein herlich ansehen, unnd bringt dem gantzen werck ein authoritet und dapfferkeit.

A.1.2 Rode-Übersetzung (1796)

Die Art von Einrichtung, der ich mich bey der Basilika der Iulischen Colonie zu Fanestrum bedient habe, giebt diesen Gebäuden ebenfalls die größte Würde und Anmuth. Die dabey gebrauchten Verhältnisse – symmetriae – sind folgende: Das mittlere Gewölbe – testudo – zwischen den Säulen ist hundert und zwanzig Fuß lang und sechzig breit. Der Säulengang unten um das Gewölbe her hält von den Säulen bis zur Mauer zwanzig Fuß an Breite. Die Säulen, mit Inbegriff der Kapitäle, sind funfzig Fuß hoch und fünfe dick, und haben Pilaster – parastatae – hinter sich, zwanzig Fuß hoch, drittehalb Fuß breit und anderthalb Fuß dick, welche die Balken tragen, worauf das Dielenwerk der oberen Gänge der Portikus ruhet. Über denselben befinden sich noch andere Pilaster, achtzehn Fuß hoch, zwey Fuß breit, und Einen Fuß dick, welche ebenfalls Balken unterstützen, die das Sparrenwerk – cantherius – und die Dächer der Portiks, die niedriger sind als das mittlere Gewölbe sind, tragen.

Der übrige Raum zwischen den Unterbalken der Pilaster und Säulen ist in den Zwischenweiten dem Lichte gelassen. Der Säulen sind in der Breite des Gewölbes, die Ecksäulen zur Rechten und Linken mitgerechnet, je vier: in der Länge, auf der Seite nächst dem Markte, die nehmlichen Ecksäulen mitgerechnet, acht: und auf der anderen, gleichfalls mit den Ecksäulen, nur sechs, aus dem Grunde, weil die beyden mittleren auf dieser Seite nicht gesetzt worden sind, damit sie nicht den Anblick der Vorhalle – pronaos – des Tempels Augustus verhindern möchten, welcher mitten in der Seitenwand der Basilike angebracht ist, und nach dem Mittel des Markts und dem Tempel Jupiters hinsieht.

Ingleichen ist das Tribunal in dem Tempel – in ea aede – (in Gestalt eines Halbzirkels, nur etwas weniger gekrümmt; denn der Zwischenraum zwischen den äußersten Enden des Halbzirkels beträgt sechs und vierzig Fuß; die innere Krümme aber funfzehn Fuß) damit diejenigen, so bey den obrigkeitlichen Personen zu thun haben, nicht von den Handelsleuten in der Basilike gestört werden. Über den Säulen legen rings umher Architraven aus drey zusammengefügten Zimmerstücken von zwey Fuß, und diese wenden sich von den beyden dritten Säulen im Innern nach den von der Vorhalle hervortretenden Eckwandpfeilern – antae hinüber, und laufen Rechts und Links fort bis an den Halbzirkel.

Über den Architraven sind, gerade über den Kapitälen, gleich Stützen, Pfeiler gestellt, die drey Fuß hoch und vier Fuß ins Gevierte dick sind. Über diese sind aus zwey zweyfüßigen Zimmerstücken wohleingebundene Balken – trabes everganeae – rings herum gelegt, worauf Spannrigel – transtra – mit Streben – capreoli, – welche gerade über den Friesen – zophori – und über den Eckwandpfeilern – antae – und Wänden der Vorhalle – pronaos – angebracht sind, einen Firstbalken – culmen – tragen, welcher der Länge nach über die ganze Basilike hinüberreicht, ingleichen einen andern, der vom Mittel derselben sich über die Vorhalle des Tempels hin erstrecket.

Die also entstandene zwiefache Einrichtung der Giebel – fastigium, – von außen des Daches und von innen des hohen Gewölbes, gewähren ein anmuthiges Ansehen. Ingleichen erspart die Hinweglassung des Kranzgesimses – epistyliorum ornamenta, – und die Einrichtung der Brustlehne und der oberen Säulen nicht allein eine lästige Mühe, sondern auch einen großen Theil der Kosten: da hingegen die, bis unter den Unterbalken des Gewölbes in Einer Höhe hinaufgeführten Säulen sowohl über alles Verhältnis gegen den Aufwand prangen, als auch dem Gebäude noch eine gewissen Größe verleihen.

A.1.3 Reber-Übersetzung (1865)

Auch können wohl jene Basiliken die höchste Würde und Schönheit entfalten, welche in der Art eingerichtet sind, wie ich eine solche für die julische Kolonie Fanum entworfen und gebaut habe, deren Zahlen- und Maßverhältnisse in folgender Weise angeordnet sind: Das Mittelschiff zwischen den Säulen ist hundert zwanzig Fuß lang und sechzig Fuß breit; der Korridor rings um das Mittelschiff ist von den Säulen bis zu den Wänden zwanzig Fuß breit; die von unten bis oben reichenden Säulen messen mit den Kapitellen fünfzig Fuß in der Höhe bei einer Dicke von fünf Fuß, und haben an ihrer Rückseite Pilaster zwanzig Fuß hoch, zwei ein halb Fuß breit und anderthalb Fuß dick, welche die Balken tragen, auf welchen die Decke des Säulengangs ruht; und darüber werden andere Pilaster angebracht, die achtzehn Fuß hoch, zwei Fuß breit und einen Fuß dick sind und das Sparrenwerk und das Dach der Säulengänge tragen, das etwas tiefer unterhalb dem des Mittelschiffes angebracht ist.

Der noch übrige Raum zwischen der Balkenlage über den Pilastern und der über den Säulen ist für das durch die Säulenzwischenräume eindringende Licht offen gelassen. Was die Säulen betrifft, so sind deren an der rechten und linken Seite des Mittelschiffes mit Einschluß der Ecksäulen je viere, auf der an das Forum grenzenden Langseite mit denselben Ecksäulen acht, auf der andern Seite mit den Ecksäulen sechs, deshalb, weil die zwei mittleren auf dieser Seite weggelassen sind, damit sie nicht den Anblick der Vorhalle des Augustustempels verdecken, der in der Mitte der Langseitenwand der Basilika und mitten auf das Forum und gegen den Tempel des Jupiter schauend errichtet ist.

Das Tribunal ferner (die Erhöhung für den Richterstuhl), welches sich in jenem Tempel befindet, ist nach der Krümmung eines Kreisbogens, der etwas geringer als ein Halbkreis ist, geformt, von diesem Kreisbogen aber mißt der Abstand an der Stirnseite (die Sehne) sechsundvierzig Fuß, die Tiefe (der Radius) dieses Kreisbogenausschnittes aber fünfzehn Fuß, so daß diejenigen, welche bei den Obrigkeiten stehen, die Geschäftsleute in der Basilika nicht behindern. Über die Säulen sind Balken, aus drei gedoppelten zweifüßigen Zimmerstücken bestehend, gelegt, und diese wenden sich von den beiderseits dritten Säulen der inneren Langseite zu den Eckwandpfeilern ab, welche von der Tempelvorhalle vorspringen und zur Rechten und Linken an den Ecken des Kreisbogenausschnittes sich befinden.

Über diesen Balken sind gerade oberhalb der Kapitelle Pfeiler von drei Fuß in der Höhe mit einer Grundfläche von vier Fuß im Gevierte als Stützen verteilt angebracht. Über diesen sind ringsum Balken gelegt, aus zwei Zimmerstücken je zwei Fuß stark wohl zusammengearbeitet, über welche dann die Querbalken mit den Streben, den Säulenschäften, den Anten und den

Wänden der Tempelvorhalle entsprechend gelegt, die zwei Firstbalken tragen, nämlich den einen in der Längenrichtung der Basilika und den anderen von der Mitte an in der Richtung über die Tempelvorhalle hin.

Die sich so kreuzende doppelte Giebelanlage gibt sowohl der Außenseite des Daches, als auch der Höhe des Mittelschiffes innen ein schönes Ansehen. Ferner benimmt die Weglassung eines Gebälkes der Zwischenmauer (zwischen den beiden Säulenreihen) und der oberen Säulenstellung die Langwierigkeit und Schwierigkeit der Arbeit und vermindert die Summe des Aufwandes um einen großen Teil. Die Säulen selbst aber in ununterbrochener Höhe bis unter das Balkenwerk des Mittelschiffes geführt, dürften sowohl dem Aufwande einen großartigen Anstrich geben, als auch die Bedeutsamkeit des Bauwerkes erhöhen.

A.1.4 Prestel-Übersetzung (1912-14)

Keine geringere Würde und Schönheit darf die künstlerische Ausstattung jener Basilikenart beanspruchen, wie ich eine derartige für die Julische Kolonie Fanestris entworfen und als Architekt ihre Ausführung selbst geleitet habe; deren Einzelverhältnisse und künstlerisches Ebenmaß sind aber in folgender Weise angeordnet. Das mittlere mit horizontaler fester Decke abgeschlossene Dachwerk ist innerhalb der Säulen (im Lichten) 120 Fuß lang und 60 Fuß breit; die das Mittelschiff umgebenden Hallen sind zwischen Säulen und der Außenmauer 20 Fuß breit. Die durchgehenden Säulen des Mittelschiffes messen mit Einschluss ihres Kapitells 50 Fuß bei einem untern Durchmesser von 5 Fuß. Diesen sind an der Rückseite 20 Fuß hohe, 21/2 Fuß breite und 11/2 Fuß dicke Pilaster angefügt, welche Balken, trabes (d.h. Unterzüge nebst Tragbalken), aufnehmen, innerhalb welchen das Getäfelwerk mit Kassetten, contignationes, des untern Portikus eingespannt ist. Ueber diesem Gebälkwerk sind weiterhin 18 Fuß hohe, 2 Fuß breite und 1 Fuß dicke Pilaster aufgestellt, die ebenfalls Querbalken, trabes, aufnehmen, welch letztere das Sparrenwerk, canterium, nebst der Deckenstruktur mit ihren Kassetten tragen die unter der Verschalung der darüber befindlichen, testudo, Terrasse eingefügt sind.

Der übrige Raum, welcher zwischen dem Gebälkabschluss mit Simskrönung, der oberen Pilasterstellung der Seitenschiffe und dem Epistylium der Mittelsäulen sich befindet, ist innerhalb der Säulenabstände für das eindringende Licht (als Fenster) offen belassen. Was die Anzahl der Säulen des Mittelsaales anbelangt, so befinden sich an den Stirnfronten mit Einschluß der rechten und linken Ecksäulen je vier, an jener Langseite, welche zunächst (an die Außenseite) des Forums grenzt, befinden sich inklusive jener Ecksäulen acht, an der entgegengesetzten Langseite jedoch mit den Ecksäulen nur sechs an der Zahl; und zwar sind die mittleren deshalb ausgefallen, damit diese nicht den Ausblick auf die Vorhalle der Basilika, auf den Mittelpunkt des Forums und das (gegenüber befindliche) Heiligtum des Jupiter gerichtet, eingebaut erscheint.

An dieser nach dem Tempel hin gerichteten Stelle ist zugleich in Gestalt eines Kreisausschnittes der erhöhte Sitz für die Handelsrichter, Tribunal, hergerichtet, wobei auf den Radius des betreffenden Kreisbogens 46 Fuß, auf die Tiefe des Bogensegments bis zu den seitlichen Pilastern 15 Fuß fallen, damit die Leute, welche bei der Amtshandlung sind, die Kaufleute in der Basilika nicht behindern. Ueber der Säulenstellung (der Mittelhalle) sind Balken, aus drei je zwei Fuß hohen (gedoppelten) und fest zusammengefügten Zimmerstücken bestehend, rings gebreitet. Die gleiche Konstruktion reicht, von der dritten im Langhause befindlichen Säule im rechten Winkel abbeugend, zu den Eckpfeilern hin, welche an dem Seitenschiffe, pronaos, zunächst der Tribuna vorspringen und hierselbst rechts und links die Stufen des Richtersitzes flankieren

auf jenen (als Epistyl dienenden) Balkenlagen sind über der Achse der jeweiligen Säulenkapitelle Steinpfeiler als Stützen, fulmenta, in regelrechter Anlage aufgemauert, welche eine Höhe von drei Fuß bei einer Grundfläche von vier Fuß (als Stücke des Zophorus) einnehmen. Oberhalb dieser Ständer ist ein aus zwei Fuß starken Zimmerstücken scharfkantig bearbeitetes Balkenwerk, euerganeae trabes, gebreitet, über welchem die Querbalken nebst dem Strebewerk der Dachstruktur, den Schäften der Säulen, Anten und den Umfassungswänden des Langhauses (sowie) jenen des Pronaos entsprechend, sich befinden, welche Gesamtstruktur zwei Firstbalken, nämlich einen die Längenachse der Basilika durchlaufen, den andern, von der Mitte des Dachscheitels in der Richtung nach der Tempelvorhalle sich erstreckend, aufnimmt.

Diese zweifach sich kreuzende Giebelanlage verleiht hiernach der Außenerscheinung des Dachwerkes, tecti, wie der Innenansicht der hohen Deckenstruktur, testudinis, ein herrliches Ansehen. In gleichem Sinne benimmt die Weglassung eines weiteren Kranzgebälkes nebst oberer Säulenstellung mit ihrem unteren Mauergürtel, pluteum, im Mittelschiffe eine mühevolle beschwerliche Arbeit und vermindert zum großen Teile die Kosten der Bauschöpfung. Während andererseits die Säulen in einheitlicher Form bis zum Gebälkwerke des Mittelschiffes sich erheben, sind sie geeignet den Kostenaufwand gewaltiger erscheinen zu lassen und dem Werke ein architektonisch bedeutsameres Ansehen zu verleihen.

A.1.5 Fensterbusch-Übersetzung (1964)

Nicht weniger können Entwürfe von Basiliken von der Art höchste Würde und Anmut haben, wie ich die Basilika für die Kolonie Fano entworfen und unter meiner Leitung als Architekt habe bauen lassen. Deren Proportionen und Symmetrien sind so bestimmt: Das Mittelschiff ist zwischen den Säulen 120 Fuß lang, 60 Fuß breit. Der Säulenumgang um das Mittelschiff ist zwischen den Wänden und den Säulen 20 Fuß breit. Die Säulen haben eine durchlaufende Höhe einschließlich der Kapitelle von 50 Fuß, eine Dicke von 5 Fuß. An ihrer Rückseite (nach den Wänden zu) haben sie Pilaster, die 20 Fuß hoch, 21/2 Fuß breit und 11/2 Fuß dick sind, die die Balken tragen, auf denen die Decke des Säulenganges ruht. Über diesen stehen andere Pilaster, die 18 Fuß hoch, 2 Fuß breit und 1 Fuß dick sind, die ebenfalls Querbalken aufnehmen, die das Sparrenwerk und das Dach der Säulengänge tragen, das etwas tiefer unterhalb des Daches des Mittelschiffes eingefügt ist.

Der Raum, der zwischen den Balken auf den Pilastern und denen auf den Säulen übrig bleibt, ist für die Lichteinstrahlung durch die Säulenzwischenräume hindurch offen gelassen. An der Schmalseite des Mittelschiffes sind einschließlich der Ecksäulen rechts und links je 4 Säulen, an der Langseite, die dem Forum am nächsten ist, einschließlich derselben Ecksäulen 8, auf der anderen Seite mit den Ecksäulen 6, weil an dieser Stelle die beiden mittleren Säulen nicht gesetzt sind, damit sie nicht die Ansicht des "pronaon aedis Augusti" verhindern, das in der Mitte der Langwand der Basilika angelegt und auf die Mitte des Forums und auf den Jupitertempel gerichtet ist.

Das Tribunal, das sich in diesem Bau befindet, ist durch eine von Kreisbögen gebildete gebogene Fläche gebildet, die (vorn) die Figur eines kleineren Halbkreises hat. Vorn ist der Durchmesser dieses Halbkreises 46 Fuß. Nach innen zu (zwischen dem kleineren und größeren Kreisbogen) beträgt die Tiefe der gebogenen Fläche 15 Fuß, damit die, die bei den Beamten stehen, die Geschäftsleute in der Basilika nicht behindern. Auf den Säulen liegen ringsum aus drei Balken von 2 Fuß Stärke zusammengesetzte Balken, und diese kröpfen von den dritten Säulen, die an der inneren Langseite stehen, auf die Eckpfeiler zurück, die vom Pronaon vorspringen und rechts und links den Halbkreis berühren.

Auf diesen Balken sind über den Kapitellen Pfeiler von 3 Fuß Höhe und jederseits 4 Fuß Breite auf Unterlagen angeordnet. Über diesen liegen ringsum eichene Balken (Unterzüge), die aus 2 Hölzern zusammengefügt sind und von denen jedes Holz 2 Fuß stark ist. Hierüber liegen, in Richtung auf die Säulenschäfte, die Anten und die Wände des Pronaon, die Dachbinder mit den Streben, und sie tragen ein Dach der ganzen Basilika, ein zweites, das von der Mitte (des Hauptdaches) über das Pronaon verläuft.

So bietet die sich kreuzende, doppelte Giebelanlage, außen Dach, innen ein hohes Mittelschiff, ein anmutiges Bild. Ferner erspart die Weglassung des Schmuckes eines Säulengebälks und der Anordnung der oberen Säulen mit ihrem Mauergürtel eine mühevolle, beschwerliche Arbeit und vermindert so zu einem großen Teil die Summe der Baukosten. Die Säulen selbst aber, die in durchgehender Höhe bis unter das Dachgebälk durchgeführt sind, scheinen die Großzügigkeit der aufgewendeten Kosten noch größer erscheinen zu lassen und die Wirkung des Bauwerks zu erhöhen.

A.2 Rekonstruktionszeichnungen der Übersetzer

A.2.1 Rivius

Abb. 1: Rivius Nachdruck der Ausgabe Nürnberg 1548, Georg-Olms-Verlag, Hildesheim 1973, S. CLXIIII.

A.2.2 Reber

Abb. 2: Reber nach der Ausgabe von 1908, marix-verlag, Wiesebaden 2004, S. 154 und 155.

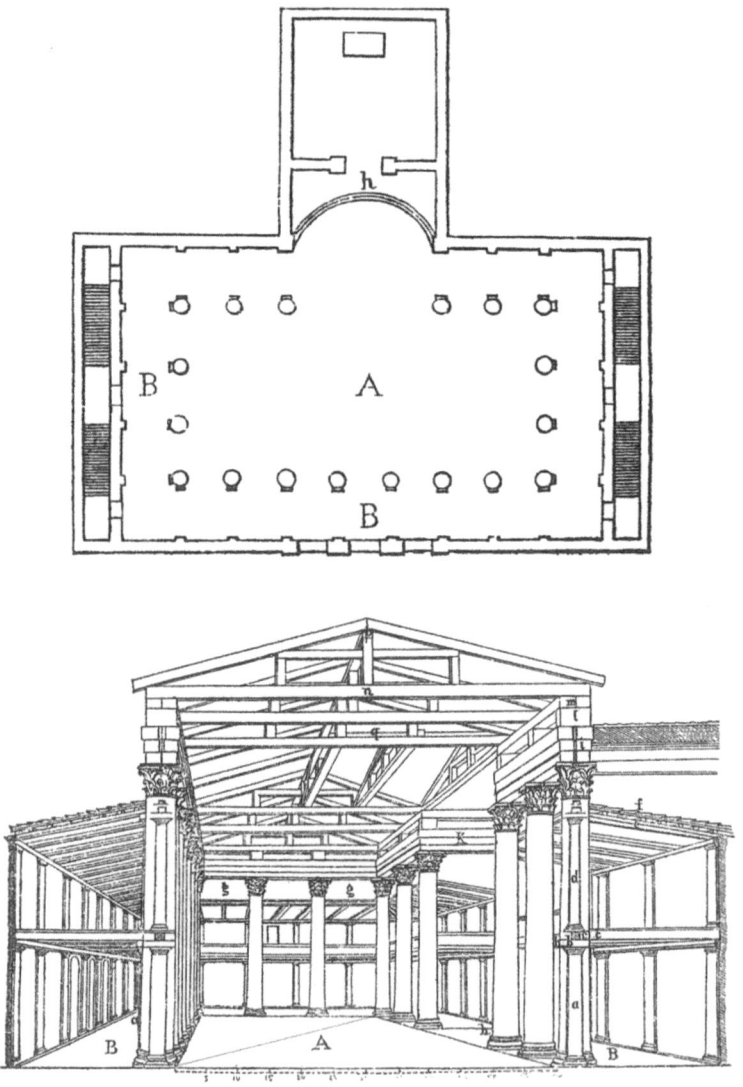

A.2.3 Prestel

(Nachdruck mit freundlicher Genehmigung des Verlages Valentin Kroener)

Abb. 3: Prestel Verlag Valentin Koerner, Baden-Baden 1987, Tafel 39 und 40.

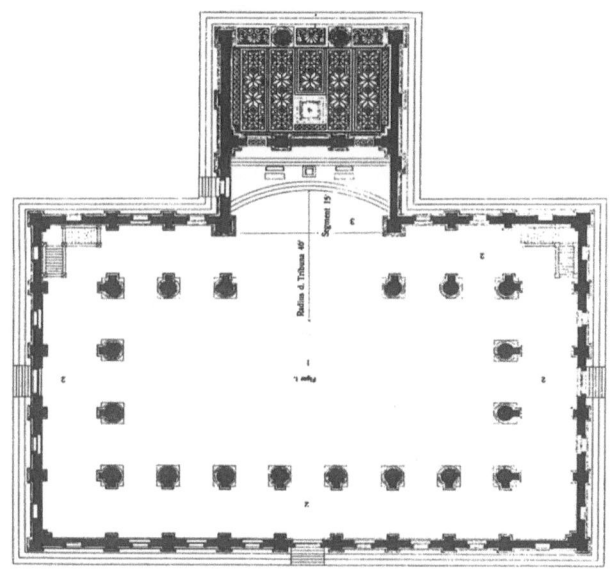

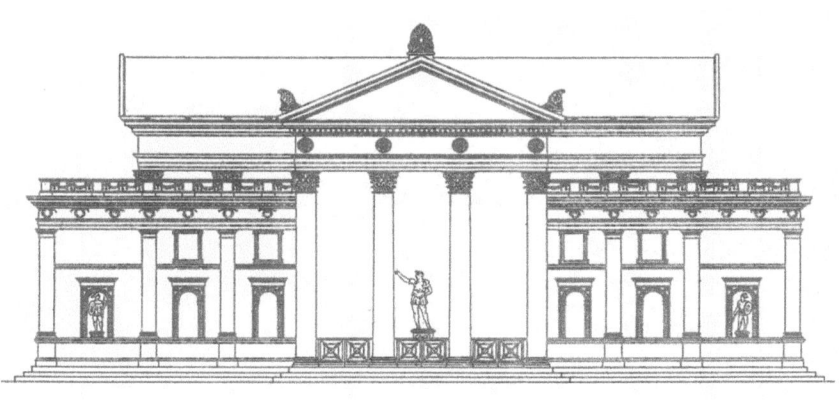

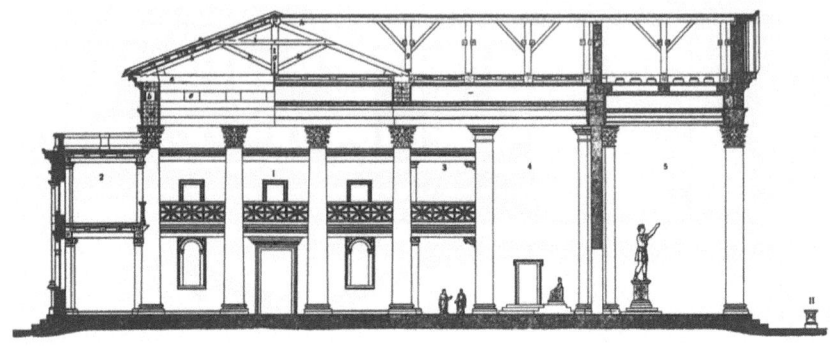

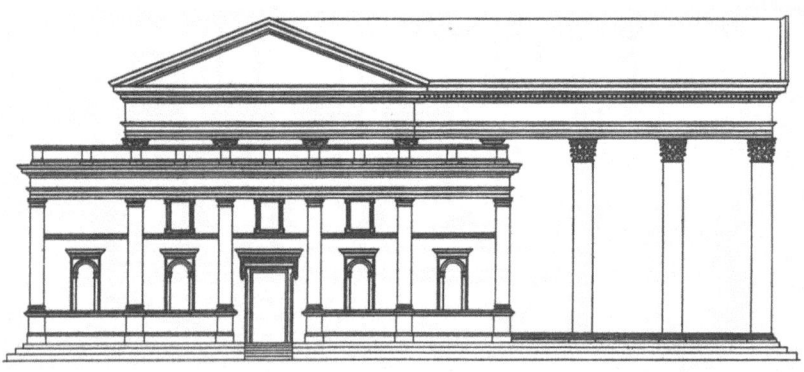

Abb. 4: Prestel Verlag Valentin Koerner, Baden-Baden 1987, Tafel 41 und 42.

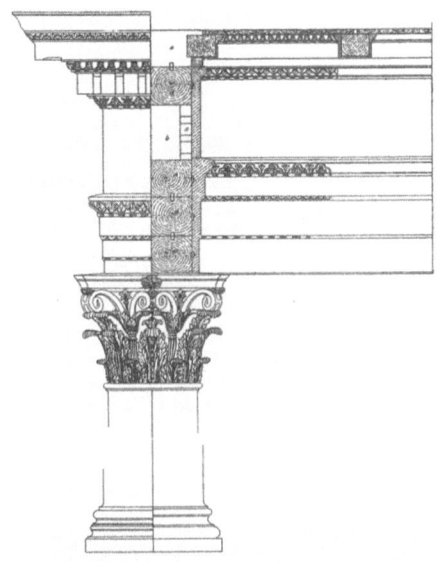
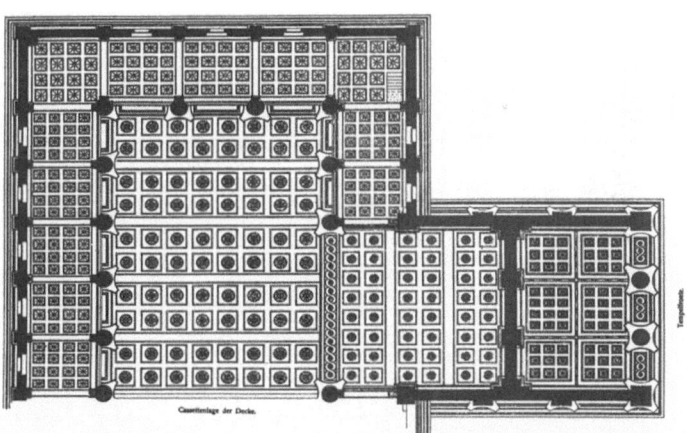

Abb. 4: Prestel Verlag Valentin Koerner, Baden-Baden 1987, Tafel 43 und 44.

A.3 Literaturverzeichnis

Primärliteratur

	Die Bibel
	Einheitsübersetzung, Katholische Bibelanstalt GmbH Stuttgart – Lizenzausgabe für den Verlag Herder, Freiburg im Breisgau 1995
Anselm von Canterbury	*Proslogion: lateinisch/deutsch.*
	Übersetzung, Anmerkungen und Nachwort von Robert Theis. Reclam, Stuttgart 2005
Goethe, Johann Wolfgang von	*Werke – Hamburger Ausgabe*
	dtv, München 1998
Herder, Johann Gottfried von	*Ideen zur Geschichte der Menschheit*
	In drei Bänden, F.A. Brockhaus, Leipzig 1869.
Herodot von Halikarnassos	*Historien*
	Kröner Verlag, Stuttgart 1979
Lukrez	*Über die Natur der Dinge*
	Aufbau-Verlag, Berlin 1957
Platon	*Sämtliche Werke*
	In vier Bänden, Neuausgabe, Rowohlt Taschenbuch Verlag GmbH, Hamburg 1994
Plinius Secundus, Cajus	*Die Naturgeschichte des Cajus Plinius Secundus*
	Gressner und Schramm, Leipzig 1881
Tacitus, Publius Cornelius	*Historien*
	übers. von Franz Eckstein, Wilhelm Goldmann Verlag, München 1960
Vitruv	*Zehn Bücher über Architektur*
	übersetzt v. Dr. Franz Reber nach der Ausgabe von 1908, marix-verlag, Wiesebaden 2004
	Zehn Bücher über Architektur
	übersetzt v. Dr. Curt Fensterbusch, Wissenschaftliche Buchgesellschaft, Darmstadt 1964

	Zehn Bücher über Architektur des Marcus **Vitruvius Pollio** übersetzt von Dr. Jakob Prestel, Verlag Valentin Koerner, Baden-Baden 1987
	Des Marcus Vitruvius Pollio Baukunst / Aus der römischen Urschrift übersetzt von August Rode übersetzt von August Rode, Faksimile-Druck der Ausgabe Leipzig 1796, Artemis Verlag für Architektur, Zürich und München 1987
	Des aller namhafftigisten unnd hocherfahrnesten römischen Architecti ... Marci Vitruvij Pollionis Zehen Bücher von der Architectur und künstlichem Bawen übersetzt von Walther Ryff, Nachdruck der Ausgabe Nürnberg 1548, Georg-Olms-Verlag, Hildesheim 1973..
Wittgenstein, Ludwig	*Tractatus logico-philosophicus* Suhrkamp-Verlag, Frankfurt am Main 2003

Sekundärliteratur

Alzinger, Wilhelm	„Aspectus pronai aedis Augusti" in: *Vitruv-Kolloquium*, ThD Schriftreihe Wissenschaft und Technik, Band 22, Lehrdruckerei der Technischen Hochschule Darmstadt, Darmstadt 1984, S. 185-191
Arin, Ertekin	*Objekt und Raumzeichen in der Architektur: Analyse und Synthese auf den Grundlagen der abstrakten Semiotik von Charles Sanders Peirce und der erweiterten Semiotik von Max Bense und Elisabeth Walther* Univ., Diss., Stuttgart 1981

Bammer, Anton — *Architektur und Gesellschaft in der Antike – Zur Deutung baulicher Symbole*
Kulturstudien bei Böhlau, Hermann Böhlaus Nachf., Wien-Köln-Graz, 1985

Barthes, Roland — *Das semiologische Abenteuer*
Suhrkamp-Verlag, Frankfurt am Main 1988

Baumberger, Christoph — *Gebaute Zeichen : eine Symboltheorie der Architektur*
Ontos-Verlag, Frankfurt am Main 2010

Bircken, Margrid (Hrsg.) — *Architektur und Literatur : in der deutschsprachigen Literatur nach 1945*
federchen Verlag, Neubrandenburg 2005

Boskamp, Jochen — „Architektur ist keine Sprache (sondern ein Zeichensystem...)"
in: *Architektur als Darstellung, als Zeichen, als Sprache*, Fachhochschule Düsseldorf – Fachbereich Architektur, ad-Hefte Nr. 17, Düsseldorf 1989, S. 89-98.

Braegger, Carlpeter (Hrsg.) — *Architektur und Sprache : Gedenkschr. für Richard Zürcher*
Prestel-Verlag, München 1982.

Carlini, Alessandro (Hrsg.) — *Konzept 1 – Architektur als Zeichensystem*
Verlag Ernst Wasmuth, Tübingen 1971

Dobbe, Martina — „Eklektizistische Architektursprachen? – Zur Semiologie des Zitats in der Architektur"
in: *Architektur als Darstellung, als Zeichen, als Sprache*, Fachhochschule Düsseldorf – Fachbereich Architektur, ad-Hefte Nr. 17, Düsseldorf 1989, S. 61-74.

Dreyer, Claus — „Neuere Tendenzen in der Architektursemiotik"
in: *Zeitschrift für Semiotik*, Band 6, Heft 3, Stauffenburg Verlag, Tübingen 1984, S. 331-339.

Semiotische Grundlagen der Architekturästhetik
Dissertation, Stuttgart

	Semiotische Aspekte der Architekturwissenschaft: Architektursemiotik
	in: *Semiotik. Ein Handbuch zu den zeichentheoretischen Grundlagen von Natur und Kultur*, 3. Teilband, de Gruyter, Berlin 2003, S. 3234-78.
Ebhardt, Bodo	*Die zehn Bücher der Architektur des Vitruv und ihre Herausgeber seit 1484*
	Burg Verlag GmbH, Berlin ca. 1919
Eco, Umberto	*Einführung in die Semiotik*
	Wilhelm Fink Verlag, 5. unv. Auflage, München 1985
	Zeichen – Einführung in einen Begriff und seine Geschichte
	edition Suhrkamp, 1. Auflage, Suhrkamp Verlag, Frankfurt am Main 1977
	Apokalyptiker und Integrierte – Zur kritischen Kritik der Massenkultur
	Fischer Taschenbuchverlag, Frankfurt am Main 1986
	Quasi dasselbe mit anderen Worten – Über das Übersetzen
	dtv, München 2010
Fischer, Günther	*Architektur und Sprache : Grundlagen des architektonischen Ausdruckssystems*
	Karl Krämer Verlag, Stuttgart und Zürich 1991
Fritsch, Herbert	*Architektursemiotik*
	4., erw. Aufl., IRB-Verlag, Stuttgart 1995
Fusco, Renato de	*Architektur als Massenmedium : Anmerkungen zu einer Semiotik der gebauten Formen*
	Bauwelt Fundamente 33, Bertelsmann Fachverlag, Gütersloh 1972
Gnehm, Michael	*Stumme Poesie : Architektur und Sprache bei Gottfried Semper*
	gta Verlag, Zürich 2004

Hauser, Andreas	„Architecture parlante' – stumme Baukunnst?" in: *Architektur und Sprache : Gedenkschr. für Richard Zürcher*, hrsg. v. Carlpeter Braegger, Prestel-Verlag, München 1982, S. 127-161.
Kiefer, Georg R.	*Zur Semiotisierung der Umwelt. Eine exemplarische Erörterung der sekundären Architektur. Dissertation.* Stuttgart 1970
Knell, Heiner	*Vitruvs Architekturtheorie* Wissenschaftliche Buchgesellschaft Darmstadt, Darmstadt 1991
Knoepfli, Albert	„Die Sprache des Kunsthistorikers – Hilfe und Hindernis" in: *Architektur und Sprache : Gedenkschr. für Richard Zürcher*, hrsg. v. Carlpeter Braegger, Prestel-Verlag, München 1982, S. 169-190.
Lange, Konrad	*Haus und Halle : Studien zur Geschichte des antiken Wohnhauses und der Basilika* Veit, Leipzig 1885
Lauter, Hans	*Die Architektur des Hellenismus* Wissenschaftliche Buchgesellschaft, Darmstadt 1986.
Magnago-Lampugnani, Vittorio	*Ästhetische Grundlagen der architektonischen Sprache. Ansätze zur Entwicklung qualitativer Maximen für die gebaute Form* Karl Krämer Verlag, Stuttgart – Bern 1977
Oechslin, Werner	„Architektur und Alphabet" in: *Architektur und Sprache : Gedenkschr. für Richard Zürcher*, hrsg. v. Carlpeter Braegger, Prestel-Verlag, München 1982, S. 216-254.
Ohr, K. F.	„Die Form der Basilika bei Vitruv" in: Bjb 175, 1975, S. 113-127. *Die Basilika in Pompeji* de Gruyter, Berlin 1991

Pahl, Jürgen	*Architektur als Darstellung, als Zeichen, als Sprache* Fachhochschule Düsseldorf – Fachbereich Architektur, ad-Hefte Nr. 17, Düsseldorf 1989.
Poppe, W.	*Vitruvs Quellen im zweiten Buche „de architectura"* Kiel 1909
Prestel, Jakob	*Der Marcus Vitruvius Pollio Basilika zu Fanum Fortunae* J. H. E. Heitz (Heitz und Mündel), Straßburg 1900/1902
Reinle, Adolf	„Mittelalterliche Architekturschilderung" in: *Architektur und Sprache : Gedenkschr. für Richard Zürcher*, hrsg. v. Carlpeter Braegger, Prestel-Verlag, München 1982, S. 255-278. *Zeichensprache der Architektur* Verlag für Architektur Artemis, Zürich/ München 1976
Sackur, Walter	*Des Vetruvius Basilika in Fanum und die neue Ausgabe der Decem libri de architectura* Reimer, 1913 *Vitruv und die Poliorketiker* W. Ernst und Sohn, Berlin 1925
Schwarz, Alberto	*Architektur und Gesellschaft von der Antike bis zum frühen Mittelalter* Volker Hennig Verlagsbuchhandlung, Leipzig 1989
Spek, Borek	*Architektur als Vermittlung. Semiotische Untersuchung der architektonischen Form als Bedeutungsträger* Krämer, Stuttgart 1980
Summerson, John	*Die klassische Sprache der Architektur* Friedrich Vieweg & Sohn Verlagsgesellschaft mbH, Braunschweig 1983.

Thomsen, Christian W.	„Was ist in der Architektur Sprechen, Sprache, Dialekt?" in: *Architektur als Darstellung, als Zeichen, als Sprache*, Fachhochschule Düsseldorf – Fachbereich Architektur, ad-Hefte Nr. 17, Düsseldorf 1989, S. 8-46.
	LiterArchitektur – Wechselbeziehungen zwischen Architektur, Literatur und Kunst im 20. Jahrhundert DuMont-Dokumente, DuMont-Verlag, Köln 1989
Wellek, René und Warren, Austin:	*Theorie der Literatur* Verlag Ullstein GmbH, Berlin 1963
Wesenberg, Burkhardt	*Beiträge zur Rekonstruktion griechischer Architektur nach literarischen Quellen,* Gebrüder Mann Verlag, Berlin 1983
Weyrauch, Sabine	*Die Basilika des Vitruv – Studien zu illustrierten Vitruvausgaben seit der Renaissance mit besonderer Berücksichtigung der Rekonstruktion der Basilika von Fano,* Behr Fotodruck, Stuttgart 1976
Wiegartz, Hans	„Vitruvs Darstellung der römischen Basilika" in: *Vitruv-Kolloquium*, ThD Schriftreihe Wissenschaft und Technik, Band 22, Lehrdruckerei der Technischen Hochschule Darmstadt, Darmstadt 1984, S. 193-237
Wistrand, Erik	*Vitruvius-studier* Elander Förlag, Göteborg 1933
	Dtv-Atlas Philosophie dtv, München 2004
	Philosophisches Wörterbuch Kröner-Verlag, Stuttgart 1965
Abruf im Mai 2014	*http://de.wikipedia.org/wiki/Semiotik#.C3.9Cberblick.*
Abruf im Mai 2014	*http://de.wikipedia.org/wiki/Dunkle_Energie*
Abruf im Mai 2014	*http://de.wikipedia.org/wiki/Enki.*
Abruf im Mai 2014	*http://www.premiumwanadoo.com/cuneiform.languages/dictionary/index_en.phpgl.*

Centaurus Buchtipp

Marie Anne Nauer

Who are YOU?

*Identität im Spiegel der Handschrift.
Beiträge zur psychoanalytischen
Graphologie*

Schriftenreihe des Forschungszentrums
für vergleichende Graphologie Friaul-
Julisch Venetien, Bd. 4, 2013, 180 S., br.
ISBN 978-86226-169-7, **€ 24,80**

Who are YOU?" – „Wer bist DU?" fragt um 1863 der Caterpiller die kleine Alice in Alice in Wonderland von Lewis Carroll. In der Aufführung der jungen Theatertruppe OIMOI von Wonderland Inn im Jahr 2011 ist dies der Schlüsselsatz zum Stück – die Identitätsfrage ist aktueller denn je.

Dieses Thema wird besonders und immer wieder angeregt durch die Arbeit mit Patienten, Kandidaten und Coachees: das Thema der narzisstischen Entwicklung, deren Problematik und Integration, also die Frage, wie Aufbau und Stabilisierung des Selbstwertgefühls stattgefunden oder Schiffbruch erlitten haben; wie so etwas kompensiert, gekittet oder gar kreativ umgesetzt werden kann; was dies bedeutet für die erwachsene Persönlichkeit – und schließlich, wie sich dies alles manifestiert im individuellen Schriftbild. Es stellt sich die Frage nach der Identität und der integrativen Kraft des Selbst und ihrem Ausdruck in der Handschrift. Darauf folgt die Frage: Was ist zu tun mit der Erkenntnis? Im vorliegenden Band sind Vorträge und Essays zum Thema versammelt, die an verschiedenen Orten oder noch gar nicht im Druck erschienen und kaum erhältlich sind; mit diesem Band sollen sie versammelt und zugänglich werden.

www.centaurus-verlag.de

Centaurus Buchtipps

Bernd Oei
Eros & Thanatos
Philosophie und Wiener Melancholie in Arthur Schnitzlers Werk
Reihe Sprach- und Literaturwissenschaft, Bd. 42, 2013, 260 S., br.,
ISBN 978-86226-214-4, € 23,80

Georg W. Forcht
Frank Wedekind und die Volksstücktradition
Basis und Nachhaltigkeit seines Werkes
Reihe Sprach- und Literaturwissenschaft, Bd. 41, 2012, 200 S., br.,
ISBN 978-3-86226-154-3, **€ 24,80**

Katrin Schrenker
Dichtung und Wahn
Zur Psychopathologie in Georg Büchners »Lenz«
Reihe Sprach- und Literaturwissenschaft, Bd. 40, 2010, 160 S.,
ISBN 978-3-86226-036-2, **€ 18,90**

Georg W. Forcht
Frank Wedekind und die Anfänge des deutschsprachigen Kabaretts
Reihe Sprach- und Literaturwissenschaft, Bd. 39, 2009, 239 S., 56 Abb.,
ISBN 978-3-8255-0744-2, **€ 20,00**

Georg W. Forcht
Liebesklänge und andere ausgewählte Lyrik-Manuskripte des jungen Frank Wedekind
Reihe Sprach- und Literaturwissenschaft, Bd. 38, 2. überarb. Aufl. 2006, 348 S., 30 s/w Abb.,
ISBN 978-3-8255-0659-9, **€ 24,90**

»Forcht zeichnet Wedekinds Entwicklung sorgfältig nach.«
Helmuth Kiesel, Frankfurter Allgemeine Zeitung vom 19.10.2007.

Rüdiger Hachtmann, Susanne Kitschun, Rejane Herwig (Hrsg.)
1848. Akteure und Schauplätze der Berliner Revolution
Revolution revisisited, Bd. 1, 2013, 86 S.,
ISBN 978-3-86226-219-9, **€ 18,80**

Klaus D. Spangenberg
Josef Block
Maler der Berliner und Münchner Secession
Reihe Kunstgeschichte, Bd. 8, 2010, 196., 54 Farbabb.,
ISBN 978-3-86226-013-3, **€ 18,90**

»Ich vermute, dass Blocks Arbeiten, wären sie nicht verloren und verbrannt, heute auf Auktionen wieder gefragt wären und dass Klaus-Dieter Spangenberg, der nun einen ersten biografischen Überblick verfasst hat, recht daran tat, auf Block hinzuweisen. «
Roland H. Wiegenstein in: Die Berliner Literaturkritik, 03.05.11.

Informationen und weitere Titel unter **www.centaurus-verlag.de**

MIX
Papier aus verantwortungsvollen Quellen
Paper from responsible sources
FSC® C105338

If you have any concerns about our products,
you can contact us on
ProductSafety@springernature.com

In case Publisher is established outside the EU,
the EU authorized representative is:
**Springer Nature Customer Service Center GmbH
Europaplatz 3, 69115 Heidelberg, Germany**

Printed by Libri Plureos GmbH
in Hamburg, Germany